打開天窗　敢說亮話

WEALTH

天窗出版

ETF
攻守勝訣

諸人進 著

目錄

推薦序 ①

林曉東

廣發控股（香港）有限公司 CEO
前先鋒領航（Vanguard）亞洲區總裁

ETF 實質上是一種創新金融產品，其表現與所追蹤的市場指數掛鈎，如恒生指數或標準普爾 500 指數。投資者可在股票市場的交易時段買賣 ETF，與買賣股票相似。此外，ETF 透明度高，兼具股票和管理型基金的優點，交易和管理費用相對低廉，能夠密切追蹤其掛鈎市場指數的表現，大大降低了收益不確定性的同時，令投資者更便捷地涉獵不同投資市場，輕鬆實現資產的多元配置。歷史數據顯示，相較指數公募基金、貨幣市場基金、目標日期基金等其他金融創新產品，ETF 的資產管理規模的成長速度是最快的，從起步到突破一兆美元大關，僅需 19 年。

作為簡單且有效的投資工具，ETF 近年來得到了投資者的持續青睞。放眼全球，2023 年，投資者更向債券和「優質」股票 ETF 投入創紀錄的資金，全球資金流入量達 9,650 億美元；在中國市場上，ETF 從眾多創新金融產品中脫穎而出，資產總規模在 2020 年達 1 兆人民幣，2023 年更突破 2 兆人民幣，已成為不可或缺的重要投資工具；同時，香港本地 ETF 業務亦蓬勃發展。隨著流動性提升、市場

基礎建設更臻完善，目前有近180隻ETF在香港交易所上市，香港市場的ETF資產規模逾3,800億港元，創下歷年新高。

2013年，我深入參與了全球最大公募基金管理公司──先鋒領航（Vanguard）在港交所掛牌第一隻ETF產品發行。此後數年，相繼見證另外數隻ETF發行，協助香港投資者涵蓋了全球大部分股票市場，規模達數十億港元。為香港乃至全球ETF市場的繁榮興盛，略盡綿薄之力，與有榮焉。

本書作者諸人進從事金融業20餘年，具有廣闊的國際視野，致力於推動香港ETF發展。多年來，諸兄筆耕不輟學，更善於借用中國傳統兵書的戰略智慧，洞悉香港ETF市場先機，協助讀者運籌帷幄、決勝千里。讀之饒有趣味。是以為序。

推薦序 ②

譚朗蔚（Stevan Tam）
富昌證券聯席董事

Frederick邀請我為他的處男作撰序，我感到萬分榮幸。我和他認識了近八年，初碰面時，我是證券公司的分析師，他是基金公司的銷售員。他之所以來見我，無非是想遊說我為客戶配置他推銷的基金。而我之所以見他，純粹是由於他公司的後台夠大，是國內享負盛名的基金發行商。我不否認，起初我是懷著「且看他甚麼葫蘆賣甚麼藥」的心，來認識這位老兄的。

不過，我和他的關係很快出現質變，哈。和他交談了幾次，我便發現他對基金，尤其是交易所上市基金（ETF）的認識很深。不消幾回，我們便把會面的場地由辦公室移師到露天茶座。而我們的話題，亦由他的推銷的ETF放眼到全球經濟、跨資產的表現等。能夠和我由談公事發展到私交的行家，可以用一隻手數完，而他是其中一個，你大概可以了解我對他的欣賞。

在過去二十年，Frederick在幾家著名的ETF發行商裡工作過。現在，他是一家智能投資平台的董事總經理和首席市場拓展總監，專責比較來自不同發行商、不同類型ETF的性質和表現，再為客戶訂

製最合適的投資組合。近年，他透過社交平台分享投資心得，又接受中外傳媒的訪問，今天就連文字作品都面世了。能稱得上大滿貫的「ETF達人」，他實在當之無愧！

接著，我想大家認真研讀Frederick的著作，尤其是有關實戰操作的部分。他利用了很多在中、港以至海外上市的ETF來分層解說，從選市場，到選發行商，再到如何從一隻ETF的持倉和構造、風險和回報、操盤策略和追蹤誤差等，多角度來剖析我們應該怎樣去選擇和操作ETF，來捕捉跨地域、跨資產的投資機遇，讓大家可以在港股以外的世界，尋找更多片天！

再次敬祝Frederick的新作《ETF攻守勝訣》一紙風行！

推薦序 ③

李聲揚 (Ivan Li)

―――――――――― Facebook 專頁「金融肉骨茶」作者 ――――――

諸人進兄邀請我為其新書寫序，我完全不用考慮，立即答應。倒不是因為我和他相識多年，而是因為我相信這本書能造福世人，也切合我自己的投資理念。 我也是「金融人」，也有撰寫文章、舉辦講座。但凡讀者問「買乜？」，我定必建議「如果想不到買甚麼，就買些大路的指數ETF」。因為這也是我自己每個月的投資方向。

我曾經是金融分析員，買股票也買了二十多年。讀者不妨撫心自問，過去多年，自己的投資回報，能否跑贏指數？相信大多數人都不能跑贏指數，反正超過一半基金經理都是跑輸指數。即使你真的能跑贏指數，例如買某隻個股升了幾倍，但你又買了多少錢？買個股當然過癮（特別是贏的時侯），而買個股也較容易「學到嘢」（例如看業績，看財務報表）。但我的比喻是正餐和零食：零食當然過癮，我也買個股，但主力還是買指數ETF。

當然，ETF不是只懂得被動地追蹤大盤指數。市場上的ETF五花八門，主動、被動策略都有，涵蓋不同主題以及資產類別，總有一款合你心水。我買過「增長股ETF」的IWF，也買過「小型股ETF」的

VB，甚至買過「新興市場走中國」的EMXC。就連比特幣，我也是只買ETF！以上提到的名字，不代表本人或作者推介，但的確是我在買的東西。

正如諸人進兄在書中以「兵法」作比喻，當你有不同的想法，想投資不同主題時，以ETF作為作戰的「兵器」，絕對可以提高勝算。本書中，諸人進兄為讀者介紹ETF的心法、特點，以及實戰策略。我只想補充一個不少投資者都忽視的「盲點」：買得不夠「大」，你的個股升幾倍也是枉然。頂多可以讓你在朋友面前，在社交媒體上自吹自擂，但對改善生活質素，無甚幫助。而絕大數投資者，買個股的倉位都不敢太大，但一般來說，ETF的本質，會令你較為放心重注，至少我的情況就是如此。

本人誠意推介大家將本書一讀再讀，相信必定對你的投資成績有顯著幫助。

紅礪索羅斯

—————————— Facebook 及 YouTube 同名專頁作者

現在是一個資訊爆棚的年代，網上資訊很多，但哪些正確、哪些最有用，需要投資者花費很多時間去分析和研究。現在有 Frederick 這位行內人花時間為我們整理，手把手地指導我們，實在是節省了不少學習時間。

更重要的是，我們可以在書中看到，一位資深的業內人士用甚麼角度和眼光去看待 ETF 投資，這些經驗和智慧都是 Frederick 用勞力和汗水去摸索得來的，現在都盡在一本書當中。

我雖然不算是投資新手，但從這本書當中，除了可以感受到 Frederick 對投資的熱愛，亦可以看到一位專家的投資思路，正好可以用來反思自己的不足之處。寫書分享專業的投資知識，絕對是高付出、低回報的行為，但得知 Frederick 仍然願意分享他作為基金行內人的看法和知識，我即時和他說，必定要預留一本給我！

Frederick 曾任職多家投行及大基金公司的重要崗位，是最清楚市場環境和投資者口味的人，由他去講解各類 ETF 的特性和投資策略，實在是最合適不過。

第一章
始計第一

多算勝，少算不勝，
而況於無算乎？
吾以此觀之，勝負見矣。

——《孫子兵法‧始計》

1.1
多算勝，少算不勝：
投資 ETF 前需知

> 兵者，國之大事也；死生之地，
> 存亡之道，不可不察也。

投資跟打仗的概念相同，輸贏可以是生死之別。然而，古時消息不通，戰場消息依靠探子或細作，用計成敗多多少少有點靠估或靠運，又或者說，計謀本身就是在信息縫隙（information gap）中套利。但今天投資世界信息氾濫，任何風吹草動，市場立即知曉以至消化，有時甚至在消息傳出之前，市場早已預料並提前消化，很少出現斷層。而且一種果隨時有無數因，市場環境本已迅間驟變，加上地緣政治、傳染病等難以預料的不可抗力，如果投資者仍像古時作戰般，單純靠估或靠運，成功率只會越來越低，很可能「出師未捷身先死」。

以守為攻的 ETF

戰場上有攻有守，投資則有主動管理和被動管理。主動管理者如大

多數基金，主動於市場中尋找超額回報（alpha），是主攻型戰術。而被動管理即是ETF或指數投資，是以跟蹤指數為目標的投資策略（beta），屬於防守型戰術。既然市場如戰場，那麼將古人的兵法智慧應用於投資，隨時能扭轉乾坤。《三十六計》的第一計「瞞天過海」云：**陰在陽之內，不在陽之對**。陰陽並非互相對立，反而陰極生陽，陽極返陰，生生不息。如果攻是陽，那麼守就是陰。莫非被動防守的ETF，內裡亦隱藏主動進攻的屬性？

沒錯！ETF由80年代開始出現，發展至今時今日，不少ETF已經能造就超額收益（excess beta），雖不及主動投資般進取，但其柔中帶剛，是一種以守為攻的投資工具。所謂攻守有時，主攻不等於強勢，防守亦非示弱；歷史上久攻不下、死守退敵的例子屢見不鮮。

被動不一定好過主動，關鍵是因地制宜，只要用對陣法，無論攻守均可破敵。如何善用ETF就如同作戰佈陣，有些戰情資訊在出兵前便要了解，才能謀劃計算，作最佳投資部署。

綜觀天時地利再點將

相比其他金融工具，ETF算是較為簡單，但比起亂買號碼，當然是「多算勝，少算不勝」，了解宏觀環境有助增加勝算。弄清大市

方向、行業景氣度、利率走勢、以及某些主要經濟指標等，就可以順天而行，於不同時期作有利投資：如利率下行時利於債、經濟暢旺時利於股、高息環境則持現金……總之別跟大市唱反調。然後是「睇餸食飯」，不同種類ETF有不同作為，風險回報率（risk return profile）亦不一樣。但即使是同種類的ETF，如何從中挑選精兵猛將，這卻是大部分投資者不解之處。香港有超過100隻ETF，但為人熟知的可能不超過10隻，很多投資者揀選ETF的指標僅限於成交量高低，好比單憑身高斷言士兵精壯與否，當然是過於膚淺。

接下來的章節，讓我們看看如何掌握分析一隻ETF的各方面，令投資勝算最大化。

1.2
盡知用兵之利害：
ETF 的做得到與做不到

人無完人，也沒有完美的投資工具，
但只要弄清其特性，就可以善用之。

表面看來，ETF 和股票一樣，憑一組號碼便可於交易所買賣。而實際上，ETF 這一組號碼內含多隻股票，例如「華夏香港銀行股 ETF」（3143）中有 17 隻銀行股，包括中資及外資，足以覆蓋整個銀行板塊，其表現亦與整個板塊相仿。因此，**ETF 的最大優勢在於能分散風險，同時捕捉整體行業表現；無須買入多隻股票，已能獲得所有股票的派息，突顯成本效益。**

當然，即使同屬銀行板塊，成分股當中也必定有優劣之分。細看3143，權重最高的兩隻股票分別為匯豐與建行，持倉比重約各佔18%；匯豐 2023 年以來升超過 26%，建行則跌約 8%，但 3143 仍能錄得正回報，兼每年派息兩次，息率 5%，可算是以守為攻的絕佳示範。

ETF 以守為攻的特性，在市況不佳時會更為明顯，這亦是 ETF 發展

迅速的原因。當市況炙熱時，全民皆股，人人都有正收益，眾多基金經理被吹捧為新一代股神；一旦市況失利，主動基金的短板卻即時現形，基金經理不能理性應對市場變化，往往無法跑贏自己設下的基準（benchmark），讓人看到主動基金高收費但回報不佳的一面。

相反，由於ETF是被動跟蹤指數表現，無論市況升跌，至少不會跑輸大市，收費還比主動基金低至少一半，甚至有些ETF更免管理費，吸引不少機構及個人投資者，都慢慢把資金移向ETF這種投資工具。

ETF 非萬能，但能以少勝多

既知用兵之利，也必須懂得用兵之害。ETF好處雖多，但終非完美，它有兩大限制。第一，是ETF缺乏對持股的控制。每隻ETF所對應的指數均有其編制方法，ETF所囊括的一籃子股票，只能於特定時間根據指數調整，此外再無法更改。這意味著，如果不想持有ETF中的某些股票，亦無法將其排除。假設你很喜歡匯豐，不喜歡建行，也不能改變它們於3143的持倉佔比。因此，投資ETF重視宏觀視角，別太執著於對某一兩隻股票的喜惡。

ETF的第二種限制是追蹤差別（tracking difference）。ETF旨在複製所跟蹤的指數，而由於費用、交易成本和編制方法等因素，難以完美追蹤每一隻股票的表現，當中的差異稱為追蹤差別，而追蹤差別是無法避免的。追蹤差別愈低愈好，但就算如3143股，一年的追

蹤差別只有0.38%,仍然多少會影響總回報。如果買個股,自然沒有追蹤差別的問題,但試想像只買一隻3143,與分別買17隻銀行股,所需動用的資金和心力都不可比。

把資金投放在一隻股票,是求以多勝少;而把同等資金投放在一隻ETF,則是以少勝多。

1.3
校之以計而索其情：
選ETF的三大關鍵

《孫子兵法》說作戰要先校五事（道、天、地、將、法），以分析勝敗機率；我們選ETF，則要考慮三大基本要素，方能有效投資。所謂民以食為天，讓我們暫時跳出戰場，借「食」來了解揀選ETF的關鍵。

試想像你剛拿到「花紅」，決定獎勵自己大吃一頓，從決定菜式到揀選餐廳，經過一步步抉擇，最後坐在舒適的餐廳中吃到美食，身心大滿足。其實選擇ETF亦異曲同工，在「菜式」、「成本」、「評級」上花點功夫，選中優質ETF的機會便會大增。

「菜式」——按需求和興趣決定投資範圍

首先是揀選菜式。粵菜、泰菜、西餐、火鍋各有特色，先考慮自己當下的口味和食慾，挑選範圍便能大幅收窄。這好比決定投資範圍，應該揀選某一市場、資產類別，還是某主題？當然是選擇自己

最熟悉，或最感興趣的市場／資產類別。明知道自己很想吃日本菜，就不需花時間查看西餐廳；自己很熟悉中港美股票，勝算自然高於從未接觸過的美元債券。有一點不要混淆，喜歡吃甚麼只是個人口味，沒有對錯之分；揀選投資範圍亦然，投資 AI 主題不一定優於醫療板塊，但如果你本身是 AI 專家，投資熟悉的市場就較有利，關鍵是自己的興趣和需求。

選好菜式，也要考慮自己的胃口食慾。即使很想吃日本菜，如果胃口不大或食慾不高，就不要去吃日式放題。同一道理，明知自己的風險承受能力不高，就不要選擇木頭姐的 ARKK 這類波幅較大的 ETF；閒置 資金不多，就不要選擇 EMQQ 等投資範圍較闊的 ETF，不如集中火力，看準主題重點投資。

「成本」—— 管理費以外的持有成本

接下來自然是成本。注意成本不只表面的餐廳價格，還有交通、時間等隱藏成本。聽見50元吃到懷石料理，是否覺得很便宜？但原來餐廳地點相當不便，前往要轉車6次，去到還要等位3小時，你便要重新考慮是否值得了。但大部分人考慮ETF的成本時，都只局限於表面的管理費，隨時付出了更高的代價而不自知。

其實ETF的成本應該以「總持有成本」（total cost of ownership, TCO）計算，當中包括追蹤誤差、買賣價差，交易費用等。而最為人熟悉的「管理費」，其實只是經常性開支（ongoing expense）中的其中一項，其他開支還有底層股票交易佣金、託管費、行政費等等。要更全面地衡量ETF的整體開支，應參考總費用率（total expense ratio, TER）而不單是管理費。

TER是ETF總成本與總資產的比率。但由於ETF的規模大小會改變，因此TER是浮動的。從以下公式可見，假若ETF的成本不變，TER會與ETF的規模成反比，即是規模越大，TER越小；ETF規模較細，TER就會變得很高。

$$TER = \frac{Total\ Fund\ Costs}{Total\ Fund\ Assets}$$

因此很多跨國ETF發行商，在發行新ETF時會對首年的TER作補貼，

為求吸引更多前期投資者，儘快累積規模，降低TER。而香港證監會亦對ETF的TER有所監控，若發現TER過高（3%或以上），就可能要求發行商檢討。

追蹤誤差──ETF規模越大越難避免

上一章節已跟大家講過追蹤差別（tracking difference），理論上它會與TER相仿。而它的標準差（standard deviation）就是追蹤誤差（tracking error），意味著該ETF維持與指數回報的穩定性，同樣是衡量ETF開支指標。

造成追蹤誤差的原因，通常是技移因素，其中最常見的是滑價（slippage），亦即預期交易與實際執行交易時的價格落差。ETF追蹤一籃子股票，每次當有申購、贖回或調倉時，所有需要買和賣的股票都要一籃子地交易，而交易就有機會發生滑價。常見的交易方式包括時間加權平均價格（value weighted average price, VWAP）、成交量加權平均價格（time weighted average price, TWAP）及收盤市價（market on close, MOC），能否避免滑價，盡量貼近預期價格完成交易，就很視乎券商程式交易（program trade）的準繩度。

追蹤誤差可高可低，但ETF的規模越大，或者包含的ETF隻數越小，自然較易衝擊市場，形成滑價。一隻規模10億的ETF，每次調倉導致的追蹤誤差隨時高達3%，可說是不容忽視的隱形開支。

別單看數值，性價比才是關鍵

舉個簡單例子，「華夏滬深300指數ETF」（3188）的管理費是0.7%，但其TER是0.83%，可見管理費並不能全面反映ETF的開支。其追蹤差別亦大約為0.83%，代表3188的回報大致為滬深300指數的回報扣減0.83%，逐年累積。而它的追蹤差別0.13%，表示3188維持與滬深300指數回報-0.83%的偏離度只有0.13%，可說是非常穩定。如果將TER、追蹤誤差、一籃子股票的交易成本、買賣價差等的各種因素綜合，將換算出3188的總持有成本大約為1%。不過，這些數據經常浮動且難以取得，使投資者往往無法直接計算總持有成本，只能憑TER與追蹤誤差以評估開支。

1%的總持有成本算不算高？對於一隻ETF來說，自然不算低；3188買的是A股，A股屬於不完全開放市場，加上容許長期停牌，在管理上及交易上都比較複雜，因此持有成本相對亦較美股ETF高，1%可算是情理之中。反觀坊間有些港股ETF光是管理費已高達0.99%，當中是否有情理可言？精明的投資者就要懂得分辨了。所以說，ETF的開支成本有高有低，但卻不能憑其數值大小，便斷言某ETF是便宜還是昂貴。500元一頓飯，是便宜還是貴？要看看吃甚麼，以及食物的品質才能下結論。如果吃五星級酒店的自助餐，可能物超所值；如果是茶餐廳的碟頭飯，相信應該不會有人願意做羊牯。

除此之外，也有ETF的總費用率（TER）包了底，即是ETF的管理費等於總費用率，令投資者的持有成本多多少少封了頂。這種操作在美國特別常見，比如QQQ，其管理費和總費用率均為0.2%；而

由於美股市場交易機制較為有效，致使追蹤誤差等較為穩定，因此 QQQ 的總持有成本也只是大約 0.2 至 0.3%。香港某些 ETF 亦有總費用率包底的做法，例如最近因日本股市而爆紅的華夏日本 ETF（3160），其管理費和總費用率便受限在 0.5%。不過由於日圓波動影響追蹤差別，3160 的總持有成本有機會增加至超過 1%；但該 ETF 作了美元兌日圓對沖，有助避開日圓貶值對回報率的侵蝕，就算總持有成本稍為高一點也可以理解。

「評級」——分數勝於雄辯

選完菜式，計好成本，就輪到選擇餐廳。最快捷和客觀的方法，就是查看食評網站，例如香港的「Openrice」和國內的「大眾點評」，這些網站除了可按菜式列出所有餐廳，更重要是可以參考其他顧客的評價和評分，了解餐廳的環境、服務和口味，以確保用餐體驗愉

快。選ETF其實亦可照辦煮碗，借第三者所作的ETF評級為參考；例如基金點評網「ETFGI」、「ETFdb」、「天天基金網」等，一些評級機構也會對ETF作公開評級，例如「晨星」（MorningStar）。善用這些基金點評網及機構評級，我們選ETF時就更有根據，確保ETF符合自己的投資意願。

ETFGI
https://etfgi.com/

天天基金網
https://fund.eastmoney.com/

ETFdb
https://etfdb.com/

晨星
https://www.morningstar.hk/hk/etfs

「菜式」、「成本」、「評級」的相關資料或數據，都能在發行商的官網上找到，本書的第三章亦會進一步講解。ETF的一大好處就是透明，沒有甚麼隱隱藏藏；只有你不去找，沒有你找不到的。所以說，挑選ETF先要習慣上發行商官網「fact-check」。三大關鍵，知之者勝，不知者不勝。

ETF攻守勝訣

1.4
兵非貴益多：
市場深度反映流動性

閱讀本書之前，未了解選 ETF 的三大關鍵因素，大家可能都習慣以兩個指標去衡量買入 ETF 與否：第一是「管理費」，第二是「成交量」。前者的謬誤，已在上一章節關於「成本」的部分解釋，現在來探討成交量的問題。

如果某隻 ETF 的投資範圍廣闊，持股優質，但成交量非常低，很多人就會認為當中一定有問題，所以不應該買。相反，即使某 ETF 的質素一般，也看不出有何特色或潛力，但成交量相當高，不少人都會「跟風」買入。這種羊群心理十分常見，但換作餐廳場景思考一下，便能發覺問題所在。假設有間餐廳的菜式獨特又美味，價錢也相宜，只是店內人客稀少——你會高高興興入座點餐，抑或馬上移步至大排長龍的連鎖快餐店，因為堅信「人流夠多才是信心保證」？

ETF 與股票之別——可變的流動股數

絕大部份投資者，買賣股票的經驗都比 ETF 多，很容易將一些股票

市場的概念直接套用於ETF，有時就會因而產生錯誤認知。為何投資者重視成交量？在股票的世界裡，成交量代表了市場供求，一隻股票的成交量高，意味著有很多人買，亦同時有很多人在賣，因為流通股數在特定時間內是不變的。換句話說，「成交量」對投資者的意義在於「流動性」，即是買賣該股票是否容易；成交量低反映買賣盤少，如果想買賣該股票，可能需要更長的等待時間，或者承受更大差價換取成交。

以上概念，在股票市場而言大致正確，但在ETF的世界卻有點不一樣，成交量並不能直接反映ETF的流動性——**ETF沒有流通股上限，發行商可以每天根據市場需求增發或縮減ETF份額（股數）。** 正是由於股數並非恒定，令ETF有別於股票市場，即使某ETF的成交少，也不代表投資者必須付更多的買賣或時間成本來完成交易。大家一般都是通過銀行或券商於交易所買賣ETF，亦即是「二級市場」，但除散戶外，還有大量機構投資者參與ETF買賣，而這些大宗交易（block trade）通常在場外進行。換句話說，二級市場的交易量根本不能反映ETF的真實流動性。

ETF攻守勝訣

ETF 流動性原理

如圖表 1.1 所示，交易所的成交量佔 ETF 流通量的一小部分，不能反映 ETF 的真實流動性。

圖表 1.1 ETF 的流動性全貌

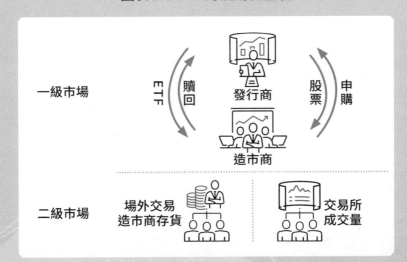

一級市場的申購／贖回（creation／redemption）機制是 ETF 流動性的關鍵，以下用一個例子說明申購／贖回的原理。

某保險公司看好 A 股走勢，決定重倉買入 3188。由於倉位龐大，保險公司決定通過造市商進行場外大宗交易，即是在同一時間以同一價格將所需的 ETF 份額全數買入，以降低滑價程度及避免衝擊市價。由於造市商手上持有的 ETF 份額不足，因此要向發行商申購。發行商收到指令後，會在市場買入等值的股票，然後增發相應的 ETF 份額給造市商。贖回的意思就是相反，將 ETF 份額換回等值股票。

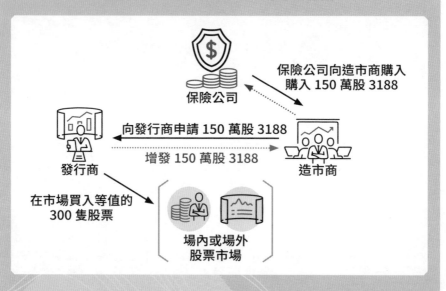

圖表1.2申購／贖回ETF簡易流程圖

保險公司

保險公司向造市商購入
購入 150 萬股 3188

發行商

向發行商申請 150 萬股 3188

增發 150 萬股 3188

造市商

在市場買入等值的
300 隻股票

場內或場外
股票市場

申購／贖回會否影響 ETF 的價格？例如上述例子增發了 150 萬股 3188，早已持有 3188 的投資者，會否被攤薄股權？答案是不會。

ETF 的價格基於其資產淨值（Net Asset Value, NAV），每當出現申購／贖回而有資金流入／流走，其 NAV 及 ETF 總份額都會同時上升／下降，因此並不影響價格。

那麼，應該用甚麼指標去判斷ETF的真實流動性？這個指標稱為「市場深度」，指在市場上可用於交易的ETF股票數量，市場深度越大，流動性就越高。理論上，ETF底層是一籃子股票，所以ETF的可流通市值就等於底層所有股票的流通市值總和。實際操作上，市場深度的關鍵在於參與者，當市場參與者多樣化且活躍，就意味著ETF的流動性更高。

誰在買賣ETF，一目了然

當打開交易或報價程式，你會先留意甚麼資訊？相信多數人都會先看股價／ETF價，很少人會去留意誰在買或賣，更不會有人去查看交易或持倉細節。其實研究一隻ETF甚麼人在入貨、出貨和持貨十分有趣，例如當你在兩隻ETF之間猶豫不決時，發現巴菲特正出手買入其中一隻，很大機會你會馬上隨「巴」逐流。ETF的市場參與者包括交易員、造市商、機構投資者和個人投資者等。通過查看ETF的交易歷史，分析大中小單、平均每日的成交情況等，便能大致了解ETF的交易活躍程度以及交易者的類型。而研究交易數據包括交易量、溢價／折價、市場價差等指標，也有助於了解市場參與者的交易行為和情況。

另一個更為直接的方法，投資者可以到中央結算系統網站（CCASS）上查看ETF的持倉信息。如果某ETF的主要持有人是機構投資者，那麼該ETF可能更受機構投資者關注。如果一隻ETF的持倉大比重集中於單一投資者，尤其是銀行，就大致可猜測是由單一投資者持

有，可能是基石投資者，亦即代表該ETF的客戶群仍未平均，流動性相對較低。

在中央結算系統網站查看 3188 的持倉報告。

中央結算系統網站：

https://www3.hkexnews.hk/sdw/search/searchsdw_c.aspx

有時候，ETF所跟蹤的指數也能見端倪，某些指數較為傾向特定的受眾類型，例如安碩MSCI亞洲除日本ETF（AAXJ）明顯是機構投資者的目標，正向反向ETF則是散戶投機愛好。

從交易歷史數據，多方位分析流動性

ETF的流動性並不是通過成交量這單一數字呈現，而是隱含在交易行為本身，所以當分析ETF的交易歷史，便能從不同角度找到ETF流動性的根據。除了剛才說的持倉分佈，ETF的成交量分佈也是有用信息。例如ETF的大部分成交都集中在某個時間段或者某個價格區間，就表示可能存在流動性缺口或者市場風險。

順帶一提，查看ETF的交易歷史，還有助於判斷市場「風向」，尤其是當出現巨額交易時。巨額交易指交易規模遠超過ETF平均每日交易量，通常來自機構投資者，藉由觀察買賣雙方，可以估計到該ETF是正被追捧抑或拋售：如果有投資者大手增持，買方通常會是銀行，賣方則會是造市商如「Flow traders」。不過，當買賣雙方都是通過銀行或造市商交易，便較難分辨風向。

另一個反映ETF流動性的重要數據，就是ETF與市場表現的一致性。如果一隻ETF的表現與其跟蹤的指數或市場行情存在明顯差異，就可能存在流動性問題或者追蹤誤差，投資者要留意其持倉，是否持有一些流動性比較差的股票，又或會否以調期合約（swap）代替了實物股票，因為調期合約有鎖定期，而且只限於與合約發行商（投資銀行）進行交易，流動性比股票差很多。

兵非貴益多也，如果看見某ETF成交量高便胡亂冒進，隨時損失重大，要全面分析ETF的流動性，方能有效出擊。第一章到此結束，相信大家都對ETF有了宏觀層面的認知。下一章，讓我們更深入了解不同ETF的兵種特性。

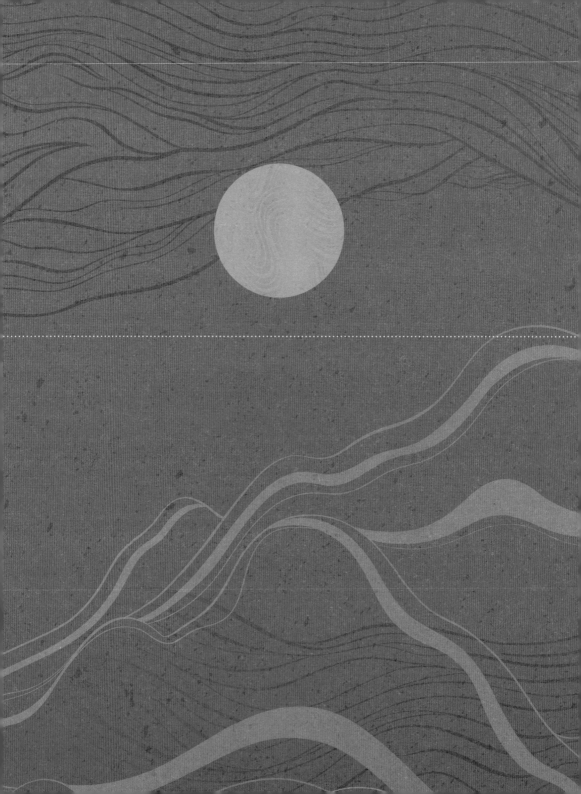

第二章
地形第二

夫地形者，兵之助也。
料敵制勝，計險隘遠近，上將之道也。

——《孫子兵法·地形》

2.1
知天知地，勝乃可全：
中美戰場的地利優勢

夫地形者，兵之助也。孫子說地形能輔助用兵，即是說選對了戰場，才能有效發揮兵種特性，才有助於打不同類型的仗。假如指派10萬水兵前往深山作戰，8萬騎兵去打水戰，損兵折將大概是意料中事。而當同樣原理應用於投資市場，你損失的就是真金白銀。

美國ETF市場——持續發展的龍頭

ETF的首選戰場必然是美國，美國ETF市場佔全球ETF總量的80%，無論ETF種類或數量都冠絕全球。而且美國ETF的發展持續向好，ETF的滲透率十分高，數據顯示近兩年美國流入ETF的資金已經超過主動基金。美國ETF市場的其中一個發展優勢，是美國投資者十分依賴獨立投資顧問（independent financial advisor, IFA），而IFA的收入來源是管理費而非交易佣金，所以他們都希望為客戶放大投資回報，同時降低投資成本，ETF便是絕佳選擇。

另一個使美國ETF發展迅速的原因,是基於當地投資者的需求。投資者期望ETF能滿足他們的任何策略投資願望,促使發行商創意爆發,無論你想像得到或想像不到的主題和策略,美國ETF都已發展成熟,其創新度可說是鶴立雞群。傳統一點的有大家都熟悉的「木頭姐姐」於2014年創立的ARKK,當時正值科技創新熱潮,ARKK可謂如日中天。到了2021年市道回落,中概股受政治威逼,科技股大不如前,一間美國發行商AXS就趁勢發行一隻做空ARKK的反向ETF,名為SARK,專門賣給那些與木頭姐姐持相反方向的投資者。另類一點的,2017年特朗普上任美國總統,隨後便出現了一隻名為「Make America Great Again」的ETF(MAGA)。該ETF根據聯邦競選總部數據,篩選出標普指數內支持特朗普及共和黨的企業,並認為這些企業可能會受惠於特朗普的政策。再另類一點的,比如美國大麻合法化後,陸續有大麻主題ETF在美國出現,最出名的是2019年發行的YOLO,是全美首隻大麻相關ETF,資產規模超過10億美元,其後MJUS、MSOS亦相繼出現,也是賣個滿堂紅。由此可見,美國ETF的種類是世界其他市場無可替代的,只有你想不到,沒有其做不出,致使美國市場深度冠絕全球。作為投資者,除非無意涉足ETF市場,否則美國絕對是兵家必爭之地。

A股ETF市場——後來居上的新星

A股是全球第二大的股票市場,規模僅次於美國,但這個充滿潛力的ETF市場卻經常被投資者忽略。其實中國股市體系龐大,有五個交易所,行業板塊眾多,板塊之間的聯動性亦可以很高,對投資

ETF非常有利。國內亦一直積極開放其證券市場，以吸引更多海外投資者。為了更有效地將香港作為投資A股平台，中港兩地於2015年聯手開創了史無前例的「互聯互通」機制，「滬港通」和「深港通」分別於2015和2016年相繼開通，讓投資者可以在滬、深、港三個市場之間跨境買賣個股。香港及海外投資者反應熱烈，認為它是能夠代替QFII和RQFII的A股投資渠道。

同時，港交所和上交所亦開始磋商建立「ETF通」的可能性，以作為滬深港股票互聯互通的重要延伸，兩地著力聯手，希望發展成亞洲ETF中樞。可惜由於兩地ETF交易機制不同，中間又發生了股票實名制事件，兩地監管對於開放範圍更出現了分歧，拖慢了發展進度。港交所認為，應該全面開放兩地ETF，這意見得到大部分香港投資者以及外資發行商支持。但國內的聲音則偏向先開放部分港股ETF，只有寥寥幾隻合資格。在雙方分歧致使ETF通進程停滯的同時，上交所及深交所已分別與韓交所、日交所和新交所推出「ETF互掛機制」，中證監和香港證監會亦推出建基在基金互認（Mutual Recognition of Funds）上的「ETF連接機制」，令ETF通的可行性進一步被市場淡忘。

「ETF通」使A股市場地利佔優

直至2019年月，亞洲首個跨境ETF投資計劃「ETF通」終於正式啟動。ETF通的出現，能讓香港和海外投資者更便捷地投資國內的龐大ETF市場，亦為基金管理人及證券公司提供了更多業務機會，大

大提升了A股ETF市場的戰場地利。發展至2023年,目前可供選擇的國內ETF已超過130隻,其中增加了不少行業板塊ETF,如半導體、軍工、房地產、內銀等,亦有少量單因子ETF,如紅利、成長等。國內行業、產業眾多,有利於投資A股特定主題,而國內市場深度亦比香港佳,尤其是ETF的參與者越來越機構化,信息公佈也比香港更豐富、全面。

圖表2.1「ETF通」合資格名單(南向)

截至 2023 年 7 月 31 日

編號	交易所	代碼	基金名稱	指數代碼	追蹤指數	基金份額(億份)	基金規模(億港元)	漲跌幅(2023年初至7月31日)	日均成交額(2023年初至7月31日,億港元)	淨流入額(2023年初至7月31日,億港元)
1	HKEX	2800	盈富基金	HSI	恒生指數	69.71	1435.28	3.93%	61.52	126.96
2	HKEX	2828	恒生中國企業	HSCEI	恒生中國企業指數	4.19	298.35	4.95%	34.45	-76.94
3	HKEX	3033	南方恒生科技	HSTECH	恒生科技	59.43	265.85	9.97%	20.40	30.73
4	HKEX	3067	安碩恒生科技	HSTECH	恒生科技	13.77	131.28	10.45%	1.32	7.57
5	HKEX	3037	南方恒指ETF	HSI	恒生指數	0.59	12.16	3.95%	0.09	-2.01
6	HKEX	3032	恒生科技ETF	HSTECH	恒生科技	6.19	27.93	10.12%	0.29	0.28

資料來源:上交所、深交所、香港交易所、中證、國證、恒指、中華交易服務

圖表 2.2「ETF 通」合資格名單（北向）

編號	交易所	CCASS股份編號	代碼	基金名稱	追蹤指數	基金份額（億份）	基金規模（億人民幣）	漲跌幅（2023年初至7月31日）	日均成交額（2023年初至7月31日，億人民幣）	淨流入額（2023年初至7月31日，億人民幣）
1	上交所	31000	510050	華夏上證50 ETF	上證50	211.54	578.15	3.10%	16.98	-24.69
2	上交所	31001	510180	華安上證180ETF	上證180	57.44	209.89	5.86%	1.09	4.78
3	上交所	31002	510230	國泰上證180 金融ETF	180金融	34.12	37.02	13.27%	0.60	-2.81
4	上交所	31003	510300	華泰柏瑞滬深300ETF	滬深300	224.48	916.99	5.33%	23.59	105.69
5	上交所	31004	510310	易方達滬深300 ETF	滬深300	119.64	233.24	5.64%	2.31	54.76
6	上交所	31005	510330	華夏滬深300 ETF	滬深300	66.90	273.64	5.38%	4.00	14.21
7	上交所	31006	510350	工銀滬深300 ETF	滬深300	6.25	26.86	5.81%	0.22	-0.81
8	上交所	31007	510360	廣發滬深300ETF	滬深300	14.03	20.35	5.54%	0.16	4.12
9	上交所	31008	510380	國壽安保滬深300 ETF	滬深300	10.57	11.83	6.74%	0.00	0.30
10	上交所	31009	510500	南方中證500 ETF	中證500	79.62	493.48	5.25%	14.08	-148.97

編號	交易所	CCASS股份編號	代碼	基金名稱	追蹤指數	基金份額（億份）	基金規模（億人民幣）	漲跌幅（2023年初至7月31日）	日均成交額（2023年初至7月31日，億人民幣）	淨流入額（2023年初至7月31日，億人民幣）
11	上交所	31010	510510	廣發中證500 ETF	中證500	17.35	32.41	5.19%	0.55	2.30
12	上交所	31011	510580	易方達中證500 ETF	中證500	30.44	22.48	5.88%	0.24	0.76
13	上交所	31012	510810	匯添富中證上海國企 ETF	上海國企	88.99	77.32	11.52%	0.12	4.12
14	上交所	31013	510880	華泰柏瑞紅利 ETF	紅利指數	52.82	164.18	13.89%	2.57	8.61
15	上交所	31014	512000	華寶中證全指證券 ETF	證券公司	256.61	249.65	17.07%	6.45	-11.23
16	上交所	31016	512170	華寶中證醫療 ETF	中證醫療	579.66	249.14	-15.35%	4.60	110.47
17	上交所	31017	512290	國泰中證生物醫藥 ETF	中證生醫	51.54	58.40	-6.12%	1.39	23.47
18	上交所	31018	512400	南方中證申萬有色金屬 ETF	有色金屬	42.69	46.36	2.35%	1.34	17.49
19	上交所	31019	512480	國聯安中證全指半導體 ETF	中證全指半導體	320.25	283.87	7.77%	14.75	128.63
20	上交所	31020	512500	華夏中證500ETF	中證500	16.10	52.98	5.25%	1.23	8.43
21	上交所	31021	512580	廣發中證環保產業 ETF	中證環保	12.13	14.76	-10.98%	0.25	0.29

編號	交易所	CCASS股份編號	代碼	基金名稱	追蹤指數	基金份額(億份)	基金規模(億人民幣)	漲跌幅(2023年初至7月31日)	日均成交額(2023年初至7月31日,億人民幣)	淨流入額(2023年初至7月31日,億人民幣)
22	上交所	31022	512660	國泰中證軍工 ETF	中證軍工	88.94	95.67	0.19%	3.88	-10.58
23	上交所	31023	512670	鵬華中證國防 ETF	中證國防	39.10	30.50	-11.84%	1.46	3.52
24	上交所	31024	512680	廣發中證軍工 ETF	中證軍工	37.70	41.57	-0.09%	0.50	9.11
25	上交所	31025	512690	鵬華中證酒 ETF	中證酒	177.99	151.77	0.24%	6.27	62.79
26	上交所	31026	512700	南方中證銀行 ETF	中證銀行	13.60	16.88	8.50%	0.75	-6.97
27	上交所	31027	512710	富國中證軍工龍頭 ETF	軍工龍頭	88.55	59.50	-8.31%	1.93	18.10
28	上交所	31028	512760	國泰 CES 半導體晶片 ETF	中華半導體晶片	202.58	201.14	7.82%	5.75	63.05
29	上交所	31029	512800	華寶中證銀行 ETF	中證銀行	62.85	73.54	8.35%	2.54	-6.34
30	上交所	31030	512880	國泰中證全指證券公司 ETF	證券公司	328.18	333.17	16.57%	10.63	-17.82
31	上交所	31031	512900	南方中證全指證券公司 ETF	證券公司	70.52	71.14	16.69%	0.61	-18.05
32	上交所	31032	512950	華夏央企結構調整 ETF	結構調整	45.89	61.24	15.86%	0.50	2.98
33	上交所	31033	512960	博時央企結構調整 ETF	結構調整	44.08	56.97	15.34%	0.26	-0.90

編號	交易所	CCASS股份編號	代碼	基金名稱	追蹤指數	基金份額(億份)	基金規模(億人民幣)	漲跌幅(2023年初至7月31日)	日均成交額(2023年初至7月31日,億人民幣)	淨流入額(2023年初至7月31日,億人民幣)
34	上交所	31034	512980	廣發中證傳媒ETF	中證傳媒	53.97	44.73	38.73%	2.06	-19.80
35	上交所	31035	515000	華寶中證科技龍頭ETF	科技龍頭	24.27	31.32	11.09%	0.88	-5.61
36	上交所	31036	515030	華夏中證新能源汽車ETF	中證新能車	78.49	120.64	-8.22%	3.27	38.84
37	上交所	31037	515050	華夏中證5G通信主題ETF	5G通信	76.47	77.37	28.35%	1.01	-29.24
38	上交所	31038	515170	華夏中證細分食品飲料產業主題ETF	細分食品	49.79	36.67	-2.65%	1.04	-4.66
39	上交所	31039	515290	天弘中證銀行ETF	中證銀行	52.91	55.06	8.46%	0.74	-13.23
40	上交所	31040	515330	天弘滬深300 ETF	滬深300	66.84	73.15	5.40%	0.08	0.34
41	上交所	31041	515380	泰康滬深300ETF	滬深300	9.14	39.83	5.75%	0.92	1.35
42	上交所	31042	515600	廣發中證央企創新驅動ETF	央企創新	19.52	28.11	22.89%	0.49	8.57
43	上交所	31043	515650	富國中證消費50ETF	中證消費50	21.67	26.95	-1.42%	0.81	6.63
44	上交所	31044	515680	嘉實中證央企創新驅動ETF	央企創新	14.86	21.66	23.31%	0.23	1.97

編號	交易所	CCASS 股份編號	代碼	基金名稱	追蹤指數	基金份額(億份)	基金規模(億人民幣)	漲跌幅(2023年初至7月31日)	日均成交額(2023年初至7月31日,億人民幣)	淨流入額(2023年初至7月31日,億人民幣)
45	上交所	31045	515700	平安中證新能源汽車產業ETF	新能源車	27.02	54.44	-7.53%	1.85	3.52
46	上交所	31046	515790	華泰柏瑞中證光伏產業ETF	光伏產業	132.91	156.43	-14.26%	6.80	44.53
47	上交所	31047	515800	匯添富中證800ETF	中證800	21.49	24.44	5.58%	0.51	4.46
48	上交所	31048	515880	國泰中證全指通信設備ETF	通信設備	22.16	26.11	43.13%	1.61	5.20
49	上交所	31049	515900	博時央企創新驅動ETF	央企創新	32.07	46.30	23.17%	0.67	-1.03
50	上交所	31050	516150	嘉實中證稀土產業ETF	稀土產業	22.53	24.90	-1.34%	0.76	4.62
51	上交所	31051	516160	南方中證新能源ETF	中證新能	79.46	68.10	-13.37%	2.46	47.71
52	上交所	31052	516970	廣發中證基建工程ETF	基建工程	54.80	70.48	20.62%	2.24	-16.48
53	上交所	31053	515120	廣發中證創新藥產業ETF	中證創新藥	55.57	34.83	-9.78%	1.32	22.14
54	上交所	31054	515180	易方達中證紅利ETF	中證紅利	23.69	32.45	12.76%	0.45	14.51

編號	交易所	CCASS股份編號	代碼	基金名稱	追蹤指數	基金份額（億份）	基金規模（億人民幣）	漲跌幅（2023年初至7月31日）	日均成交額（2023年初至7月31日，億人民幣）	淨流入額（2023年初至7月31日，億人民幣）
55	上交所	31055	515660	國聯安滬深300 ETF	滬深300	1.58	7.37	6.09%	0.01	-14.81
56	上交所	31056	560050	匯添富MSCI中國A50互聯互通ETF	MSCI中國A50互聯互通	83.22	67.56	1.12%	2.29	-7.73
57	上交所	31057	563000	易方達MSCI中國A50互聯互通ETF	MSCI中國A50互聯互通	66.08	53.77	0.99%	1.17	-17.34
58	上交所	31058	588300	招商中證科創創業50ETF	科創創業50	29.53	17.09	-6.47%	0.48	3.22
59	上交所	31059	588380	富國中證科創創業50 ETF	科創創業50	36.60	21.16	-6.17%	0.93	4.43
60	上交所	31060	588400	嘉實中證科創創業50 ETF	科創創業50	32.98	18.97	-5.87%	0.60	2.14
61	上交所	31061	510100	易方達上證50 ETF	上證50	13.73	18.79	4.25%	0.93	8.10
62	上交所	31062	512100	南方中證1000 ETF	中證1000	47.37	124.25	4.51%	13.77	10.04
63	上交所	31063	512200	南方中證全指房地產 ETF	中證全指房地產	69.21	48.64	-2.08%	2.22	15.51

編號	交易所	CCASS 股份編號	代碼	基金名稱	追蹤指數	基金份額(億份)	基金規模(億人民幣)	漲跌幅(2023年初至7月31日)	日均成交額(2023年初至7月31日,億人民幣)	淨流入額(2023年初至7月31日,億人民幣)
64	上交所	31064	512720	國泰中證電腦ETF	CS電腦	14.06	17.67	19.34%	1.32	1.79
65	上交所	31065	515080	招商中證紅利ETF	中證紅利	19.24	29.31	12.44%	1.07	17.66
66	上交所	31066	515220	國泰中證煤炭ETF	中證煤炭	15.31	32.54	-0.23%	2.04	-13.26
67	上交所	31067	560010	廣發中證1000ETF	中證1000	17.98	46.94	4.03%	8.94	-24.65
68	上交所	31068	560080	匯添富中證中藥ETF	中證中藥	17.59	21.26	5.78%	0.67	2.09
69	上交所	31069	562990	易方達中證上海環交所碳中和ETF	SEEE碳中和	24.32	19.95	1.24%	0.40	-3.51
70	上交所	31070	588000	華夏上證科創板50ETF	科創50	755.49	765.53	1.20%	23.51	251.24
71	上交所	31071	588050	工銀上證科創板50ETF	科創50	69.55	69.48	0.81%	2.12	13.96
72	上交所	31072	588080	易方達上證科創板50ETF	科創50	257.57	255.61	0.61%	5.14	86.65
73	上交所	31073	588090	華泰柏瑞上證科創板50ETF	科創50	44.92	45.05	0.90%	1.02	9.18
74	上交所	31074	588180	國聯安上證科創板50ETF	科創50	37.80	23.69	1.45%	0.39	5.07

編號	交易所	CCASS股份編號	代碼	基金名稱	追蹤指數	基金份額(億份)	基金規模(億人民幣)	漲跌幅(2023年初至7月31日)	日均成交額(2023年初至7月31日,億人民幣)	淨流入額(2023年初至7月31日,億人民幣)
75	上交所	31075	588200	嘉實上證科創板晶片ETF	科創晶片	50.11	59.68	16.15%	3.41	64.37
76	上交所	31076	588350	鵬揚中證科創創業50ETF	科創創業50	19.51	17.07	-5.91%	0.11	-1.74
77	深交所	31300	159736	天弘中證食品飲料ETF	中證食品飲料	65.20	59.19	-3.92%	0.31	-7.32
78	深交所	31301	159755	廣發國證新能源車電池ETF	新能電池	70.49	57.83	-7.34%	2.29	38.54
79	深交所	31302	159790	華夏中證內地低碳經濟主題ETF	內地低碳	43.74	30.83	-9.63%	0.93	4.29
80	深交所	31303	159801	廣發國證半導體晶片ETF	國證晶片	26.07	27.09	4.73%	0.74	6.31
81	深交所	31304	159806	國泰中證新能源汽車ETF	中證新能車	29.58	19.61	-7.51%	0.59	5.45
82	深交所	31305	159819	易方達中證人工智慧ETF	中證人工智	45.56	39.65	29.42%	2.04	21.88
83	深交所	31306	159820	天弘中證500ETF	中證500	23.31	23.20	5.40%	0.08	-1.49
84	深交所	31307	159825	富國中證農業主題ETF	中證農業	36.61	29.52	-6.06%	1.18	11.12

編號	交易所	CCASS 股份編號	代碼	基金名稱	追蹤指數	基金份額（億份）	基金規模（億人民幣）	漲跌幅（2023年初至7月31日）	日均成交額（2023年初至7月31日，億人民幣）	淨流入額（2023年初至7月31日，億人民幣）
85	深交所	31308	159837	易方達中證生物科技主題ETF	中證生科	32.59	17.45	-10.07%	0.40	3.64
86	深交所	31309	159841	天弘中證全指證券公司ETF	證券公司	48.00	44.41	16.94%	1.18	-4.00
87	深交所	31310	159901	易方達深證100ETF	深證100	23.97	71.04	1.44%	1.41	7.12
88	深交所	31311	159905	工銀瑞信深證紅利ETF	深證紅利	11.66	24.18	7.17%	0.54	-0.42
89	深交所	31312	159915	易方達創業板ETF	創業板指	187.48	409.00	-4.26%	14.93	214.97
90	深交所	31313	159919	嘉實滬深300ETF	滬深300	56.95	236.89	5.16%	5.50	18.78
91	深交所	31314	159922	嘉實中證500ETF	中證500	10.62	67.17	5.41%	5.63	-21.65
92	深交所	31315	159925	南方滬深300ETF	滬深300	8.57	17.26	5.88%	0.03	-0.34
93	深交所	31316	159928	匯添富中證主要消費ETF	800消費	115.03	114.82	-4.21%	1.96	10.72
94	深交所	31317	159938	廣發中證全指醫藥衛生ETF	全指醫藥	63.92	46.87	-7.11%	0.64	16.81
95	深交所	31318	159940	廣發中證全指金融地產ETF	全指金融地產	19.71	19.94	10.49%	0.05	-2.87

ＥＴＦ攻守勝訣

編號	交易所	CCASS股份編號	代碼	基金名稱	追蹤指數	基金份額(億份)	基金規模(億人民幣)	漲跌幅(2023年初至7月31日)	日均成交額(2023年初至7月31日,億人民幣)	淨流入額(2023年初至7月31日,億人民幣)
96	深交所	31319	159948	南方創業板ETF	創業板指	11.62	27.94	-3.87%	0.18	6.32
97	深交所	31320	159949	華安創業板50ETF	創業板50	187.66	178.46	-7.77%	7.35	78.77
98	深交所	31321	159952	廣發創業板ETF	創業板指	27.29	36.15	-3.91%	0.94	14.95
99	深交所	31322	159959	銀華央企結構調整ETF	結構調整	21.78	31.09	15.61%	0.13	4.19
100	深交所	31323	159967	華夏創業板動量成長ETF	創成長	82.76	41.30	-11.19%	1.18	12.56
101	深交所	31324	159977	天弘創業板ETF	創業板指	31.10	70.92	-4.20%	0.30	21.02
102	深交所	31325	159992	銀華中證創新藥產業ETF	中證創新藥	98.50	82.84	-10.14%	2.90	54.89
103	深交所	31326	159994	銀華中證5G通信主題ETF	5G通信	21.26	17.69	27.91%	0.36	-5.79
104	深交所	31327	159995	華夏國證半導體晶片ETF	國證晶片	259.47	271.05	4.70%	7.31	52.90
105	深交所	31328	159996	國泰中證全指家電ETF	家用電器	23.57	27.44	15.61%	1.42	5.85
106	深交所	31329	159998	天弘中證電腦主題ETF	中證電腦	22.98	22.02	20.10%	0.87	-3.29

編號	交易所	CCASS 股份編號	代碼	基金名稱	追蹤指數	基金份額（億份）	基金規模（億人民幣）	漲跌幅（2023年初至7月31日）	日均成交額（2023年初至7月31日，億人民幣）	淨流入額（2023年初至7月31日，億人民幣）
107	深交所	31330	159601	華夏MSCI中國A50互聯互通ETF	MSCI中國A50互聯互通	48.72	39.74	1.12%	1.23	-8.91
108	深交所	31331	159602	南方MSCI中國A50互聯互通ETF	MSCI中國A50互聯互通	19.75	16.07	0.74%	0.27	-0.93
109	深交所	31332	159780	南方中證科創創業50ETF	科創創業50	59.58	33.83	-6.11%	0.59	4.58
110	深交所	31333	159781	易方達中證科創創業50ETF	科創創業50	122.69	69.16	-6.16%	0.99	11.91
111	深交所	31334	159783	華夏中證科創創業50ETF	科創創業50	77.09	43.96	-6.24%	0.47	6.42
112	深交所	31335	159813	鵬華國證半導體晶片ETF	國證晶片	68.07	45.64	4.35%	1.86	20.98
113	深交所	31336	159828	國泰中證醫療ETF	中證醫療	44.14	23.67	-15.03%	0.68	8.64
114	深交所	31337	159603	天弘中證科創創業50ETF	科創創業50	23.09	20.13	-5.93%	0.07	1.6355
115	深交所	31338	159611	廣發中證全指電力ETF	中證全指電力指數	32.74	30.30	7.18%	1.66	11.8142

編號	交易所	CCASS 股份編號	代碼	基金名稱	追蹤指數	基金份額（億份）	基金規模（億人民幣）	漲跌幅（2023年初至7月31日）	日均成交額（2023年初至7月31日，億人民幣）	淨流入額（2023年初至7月31日，億人民幣）
116	深交所	31339	159623	博時中證成渝經濟圈ETF	成渝經濟圈	39.16	35.31	3.08%	0.08	1.6986
117	深交所	31340	159629	富國中證1000ETF	中證1000	25.45	66.65	4.34%	10.90	4.6743
118	深交所	31341	159633	易方達中證1000ETF	中證1000	26.18	68.35	4.25%	9.16	8.8217
119	深交所	31342	159638	嘉實中證高端裝備細分50ETF	高端裝備細分50	20.66	17.48	-2.64%	0.58	0.0137
120	深交所	31343	159639	南方中證上海環交所碳中和ETF	SEEE碳中和	15.99	13.10	1.12%	0.19	-3.2922
121	深交所	31344	159766	富國中證旅遊主題ETF	中證旅遊	34.99	33.63	-14.88%	1.82	17.2976
122	深交所	31345	159845	華夏中證1000ETF	中證1000	58.17	152.79	4.29%	16.17	89.4563
123	深交所	31346	159857	天弘中證光伏產業ETF	光伏產業	26.49	26.22	-13.89%	1.72	13.2044
124	深交所	31347	159859	天弘國證生物醫藥ETF	生物醫藥	70.46	34.69	-16.75%	0.73	24.5261
125	深交所	31348	159865	國泰中證畜牧養殖ETF	中證畜牧	85.44	62.61	-6.39%	1.60	29.4287

編號	交易所	CCASS 股份編號	代碼	基金名稱	追蹤指數	基金份額(億份)	基金規模(億人民幣)	漲跌幅(2023年初至7月31日)	日均成交額(2023年初至7月31日,億人民幣)	淨流入額(2023年初至7月31日,億人民幣)
126	深交所	31349	159869	華夏中證動漫遊戲ETF	動漫遊戲	56.20	68.14	59.24%	5.03	65.0660
127	深交所	31350	159870	鵬華中證化工ETF	細分化工	49.46	35.20	-5.31%	0.81	27.9719
128	深交所	31351	159883	永贏中證全指醫療器械ETF	醫療器械	37.62	22.21	-8.36%	0.74	1.8097
129	深交所	31352	159929	匯添富中證醫藥衛生ETF	800醫藥	12.58	19.24	-6.70%	0.63	8.3212
130	深交所	31353	159939	廣發中證全指資訊技術ETF	全指信息	40.18	23.58	15.44%	0.91	-4.0520
131	深交所	31354	159997	天弘中證電子ETF	CS電子	18.62	18.31	14.20%	0.57	6.9533

資料來源：上交所、深交所、香港交易所、中證、國證、恒指、中華交易服務

這百多隻ETF中，涵蓋了某些最為著名的ETF，如赫赫有名的「華夏上證50」（510050），它是全中國第一隻ETF，其標誌性意義好比美國的「SPY」（S&P500）、「元大台灣卓越50基金」（0050）、「盈富基金」（2800）、韓國三星的「KODEX 200」（69500）、日本野村的「NEXT FUNDS日經225連動型」（1321.JP）等；除了510050外，亦有「南方中證500」、「華泰滬深300」等，均是龍頭ETF。其次也包括主題ETF如軍工、半導體芯片、新能源、碳中和、科創版等，當然也少不了較有特色的因子ETF如華夏創業板成長ETF，以及更多滄海遺珠。這些有潛力的ETF，留待第三、四章探討。

買賣 A 股 ETF 只需一步

由於較少投資者有買賣 A 股 ETF 的經驗,在此也簡單講講步驟——其實只有一步,只需在香港的合格券商開設一個「跨境通」賬戶,即可直接買賣 A 股以及國內 ETF。

雖然通過 ETF 通買賣 A 股 ETF 很簡單,但挑選 ETF 才是重點,大家記得參照上一章的選 ETF 三大關鍵來選出精兵。「天天基金網」的 A 股 ETF 資訊十分齊全,ETF 的淨值、持倉、市價、表現等都一目了然,更幾乎即時更新,還提供基金經理的背景、與同類型 ETF 的比較、份額持有人的類型結構等,可謂琳瑯滿目,應有盡有。

天天基金網的 A 股 ETF 資訊應有盡有。

港股 ETF 市場──得天獨厚的引資平台

雖說中美兩地為最主要ETF市場，然而大家別忘記，中美之間永遠夾著香港這個重要的戰略擂台。從投資角度來看，香港是一個自由市場，資金進出不受限制；而中文、英語均為香港官方語言，香港金融法規亦與歐美看齊，因此無論在語言或法規而言，香港都是內地及歐美投資者易於適應的市場。

另一方面，港元與美元掛鉤，同時經濟基本面卻受內地牽引，致使香港的資本市場必定兩邊搖擺。北水欲通過香港這個平台把投資眼界擴充至歐美，而歐美則想借助香港作為跳板投資中國企業。而由

於政治等因素,中美彼此都不想深入對方本土市場,這給予了香港一個得天獨厚的引資角色。看似十分利好,但要留意順境時左右逢源,逆境時卻變了左右為難。

一直以來都說香港 ETF 市場沉悶,大多數人數來數去。都只能數到5至6隻 ETF。但其實在過去的十年八年間,香港 ETF 市場已經注入不少新元素,雖說不及台灣、韓國等多姿多彩,但至少在 ETF 品種上已漸趨多元化。2013年 RQFII 開放,令原本想買 A 股只得一隻合成 ETF 安碩 A50 中國基金(2823)的情況,變為有更多實物 ETF 選擇。2020年恒生科技指數橫空出現,市場亦同時出現幾隻類似的 ETF,成為一時佳話。但要說到真正在平靜的港股 ETF 市場引起波瀾,令 ETF 投資行為起變化的,當然要數槓桿(正向)及反向 ETF,但這些「奇兵」留待第三章再詳細講解。

2.2
知地形之不可以戰：
不利出征之地

如果一些讀者對ETF市場略為熟悉，可能會感到奇怪：現今ETF市場這麼多，只挑選中美兩個戰場，是否太過狹窄，以致可能錯過新興市場的獲利機會？問題是市場雖多，卻不是所有市場都值得投資，有些市場由於地形限制，香港投資者本身就難以參與，再加上匯率等其他因素限制，未交易已先輸一半。這樣的仗，你願意打嗎？本書只教大家打勝算高的仗，因此不如集中兵力於最有把握的中美兩地。

不過，在中美以外，有另一個龐大的ETF市場值得一提——ETF市場佔全球四分之一，規模僅次於美國的歐洲，且其增速比美國還快。歐洲基金業在2000年之後進入了高速發展時期，同時也由美國引入了ETF，而近年無論在債券、ESG等方面都錄得強勁增長，2021年更是歐洲ETF市場創紀錄的一年，全年流入量高達1,300億美元，共推出了96隻ETF。

歐洲市場的皇牌ETF——ESG

歐洲ETF市場的結構與美國截然不同。首先美國是單一市場，ETF一般都在紐交所上市。但歐洲包括英國、法國、德國、義大利等多個市場，還有北歐、愛爾蘭等，各有千秋；但幸好歐洲除了貨幣一體化之外，其基金監管架構亦已一體化，凡是面向散戶的ETF都根據UCITS準則（類似香港的單位信託，unit trust），UCITS可以在歐洲多國跨境進行銷售（稱為passporting）。而ETF需要在交易所掛牌，因此歐洲的ETF除了會在自身國內的交易所掛牌外，一般一定會跨境掛牌（cross-listing），主要例如在LSE（英國）、Xetra（德國）、Bursa Italia（義大利）、SIX（瑞士）等；另外歐洲也有跨國交

易所Euronext，市值更為龐大，這些都是歐洲ETF會選擇掛牌的地方。

產品種類方面，雖然歐洲ETF種類不及美國般標奇立異，但有一種ETF是歐洲的專長——ESG。ESG的興起源於20年前的北歐，是歐洲人文追求超現實完美主義的體現。從經營模式到投資管理，歐洲都可謂費盡心思，去研究ESG在每一個領域的意義。所以說歐洲是物色ESG投資的必然去處一點也不為過。在ETF投資方面，歐洲亦是採用ESG法則的領先地區，現時ETF總資產的13%遵循ESG策略或主題，相比美國上市的ESG相關ETF僅佔2%。而在全球範圍內，遵循ESG投資方法或主題的ETF繼續創下新紀錄，由2023年初至2023年10月的資產管理規模為3,250億美元，流量為1,000億美元，較3年前已經超出了4倍，增速十分驚人。

合成ETF好壞參半

與大家所熟悉的實物ETF不同，歐洲市場較流行一種「合成ETF」（synthetic ETF），其持倉是以調期合約（swap contract）為主。例如歷史悠久的「德銀滬深300合成ETF」（XCHA），便是以調期合約代替實物A股。這種做法的其中一個好處是有助控制追蹤誤差，因為調期合約可以靈活地自定一籃子債券的表現組合，更細化地追蹤指數表現；而對於A股而言，使用調期合約可以增加額外回報（excess return），以XCHA為例，其回報便比滬深300指數高出1%有多。不過，合成ETF通常涉及抵押品管理（collateral management），非一般發行商能順利操作，因此很多合成ETF都是由經驗豐富的世界級ETF發行商發行，比如上述德銀，其ETF品牌Xtracker便是合成ETF的專家。而之前也有提過，調期合約的流動性較實物股票低，加上交易對手的額外風險，是否值得投資就見仁見智了。

參與市場的投資者方面，歐洲與美國也不太一樣，美國的ETF投資群組以機構／零售各半，所以無論一級或二級市場均交投活躍。而歐洲則絕大部分為機構投資者，投資風格較為長線，交易多在一級市場通過造市商成交，而不會在二級市場上進行買賣。所以如果光看報價機，會發現歐洲ETF完全沒有成交，但事實上每天在場外的交投可以非常活躍。由此可見，歐洲ETF對於個人投資者的買賣便利度不及機構。香港投資者在Interactive Broker上可以買賣歐洲ETF，但買賣是否容易又是另一回事。

整體而言，還是那一句，與其到處打游擊分薄兵力，不如集中戰力去打有把握的仗！

第三章

兵勢第三

凡戰者,以正合,以奇勝。
故善出奇者,無窮如天地,不竭如江海。

——《孫子兵法·兵勢》

3.1
以正合：主題 ETF 與因子 ETF

《孫子兵法》強調用兵之道不外乎奇正，奇正二軍必須配合互用，才可以戰無不克。正兵就是主力部隊，一般取大道行軍、正面進攻，有一定的規模與實力。所謂「合戰」，就是雙方的主力部隊在戰場上排好戰陣，再慢慢接近交鋒。在投資市場，主題 ETF 與複製指數的因子 ETF（Smart Beta）便是正軍，適合長線部署，長遠拉平市場波動率。

主題 ETF 與因子 ETF 是合戰中的正軍。

主題ETF——捕捉新興技術、特定趨勢

主題投資（thematic investing）指投資者選擇特定主題或趨勢作投資目標，例如你看好白酒行業，可以買入一些白酒公司個股；也可以跨板塊投資，例如看好電動車發展，因而買入電動車廠、電池、晶片等的相關股票。但與其買入一大堆個股，不如投資ETF更為簡單快捷，這亦是近年主題ETF發展迅速的原因。

為滿足投資者需求，很多基金公司已預先制定好跟蹤各類型主題的ETF，省卻投資者挑選個股以及逐隻股票買入的麻煩。看中某一主題，投資者可以直接買入主題相關的ETF，既能降低集中單一股票的風險，更大大提升了成本效益。舉個實例，近年人工智能大行其道，但這主題包含軟件、硬件等多種產業，單是查找相關的股票號碼已眼花撩亂，如果要全部買入，更要一定的入場門檻和交易成本。而解決方法，只需要一隻人工智能主題ETF！以美國上市的BOTZ為例，由GlobalX於2016年9月在美國發行，2017年其規模開始快速增長，如今已經超過了24億美元。BOTZ涵蓋了全球從事機器人和人工智慧開發與應用的業務，包括

了工業機器人、非工業用途機器人，自動駕駛以及其它人工智慧自動化科技。另外也有美國本地發行商發行的 ROBO，它於 2013 年發行，比 BOTZ 更早，策略上也更強調機器人和自動化科技，同樣在 2017 年開始大規模發展，如今 ROBO 的規模也是 24 億美元左右。兩隻 ETF 本身的選股都具有代表性，如 NVIDIA、SMC、Keyence 等均在囊中。BOTZ 選股更為集中，日本企業佔一半，而 ROBO 持股分佈則更加分散，涉及的行業公司相對更加成熟，美國企業佔四成半。兩者都是切入自動化和人工智慧領域的理想投資工具。

投資主要ETF要做好風險管理

第一章說過選擇 ETF 的其中一個關鍵是「菜式」，即是自己對哪些主題較為熟悉及感興趣。不過，要注意切勿過於偏頗，過份放大個人感情喜好而影響投資決定。例如電動車發燒友以駕駛電動車為樂，對自己的愛車有着瞭如指掌，但並不代表他已對整個電動車行業以及其宏觀展望有深入認識，單純因興趣而貿然入市，承擔的風險就相對大。

更明智的做法是在確定感興趣的主題後，就該主題的趨勢、市場規模、競爭對

手、相關政策等,由下而上分析,然後才投入資金。例如自己從事白酒零售,留意到近期銷售上升,因而看好白酒行業發展,就要作更深入分析:白酒行業屬高端消費,與國內消費力息息相關,但消費力與疫後商業活動及經濟復甦掛鈎,同時要考慮政府政策的支持度……如果某些資訊自己無法取得,最好諮詢行內人或具相關知識人士,從而作出理性的投資判斷。

此外,由於主題ETF集中投資特定的行業或板塊,市場風險相對較高,因此要採用一定的風險管理策略,例如分配所佔總投資比例、定期及因應市況調整倉位、審視與其他投資的相關性等,也要定期評估投資組合。如果關注行業最新動態時,發現某主題走勢不佳,就要評估投資組合的表現。主題ETF的好處之一就是夠靈活,資訊亦透明,萬一市場驟變,亦能快速調整該主題在整體投資中的佔比,以減少風險和損失。

因子ETF──有系統地追求超額回報

相信大家都認識傳統的Beta指數投資,但人總是不滿於現狀,投資者當然亦希望在同樣的風險程度下得到更高回報。因此,這種追求超額收益的ETF一推出便大行其道──因子ETF,又稱為Smart Beta／聰明貝塔。因子(factor)指驅動股票回報的特性,以大數據找出因子與預期股價收益之間的規律性(rule base)再選股,這就因子投資法(factor investing)。

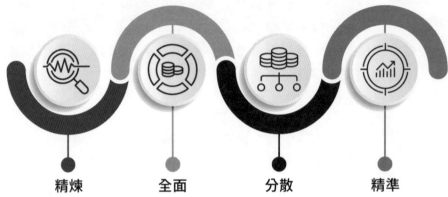

圖表3.1 因子投資的優點與特色

精煉
將「追漲殺跌」、價值投資等投資風格精煉為「動量」、「價值」等因子。

全面
結合大數據，全面覆蓋股票市場。

分散
以系統性、可複製的選股標準覆蓋上百隻股票，分散風險。

精準
回測高度仿真，更易分析及優化策略。

因子的種類非常多，以下是一些較常見的類型：

圖表3.2 常見的因子類型

市場因子 market
以大型指數對比個股表現。

規模因子 size
小市值股票長線回本機率較高。

價值因子 value
根據市盈率、市淨率等尋找股價低於價值的股票。

動量因子 momentum
衡量股價趨勢（trend），強勢股持續向上。

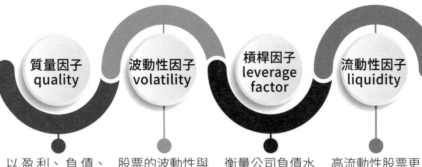

質量因子
quality

波動性因子
volatility

槓桿因子
leverage factor

流動性因子
liquidity

以盈利、負債、股息收益率、股權回報 (ROI) 等衡量公司的財務狀況和盈利能力。

股票的波動性與風險／回報正成比。

衡量公司負債水平及槓桿比例，低槓桿股票風險較低及較不受宏觀影響。

高流動性股票更容易買賣。

成長因子
growth

紅利因子
dividend

非線性因子
non-linear

以盈利提升能力、銷售增長基礎、成本控制計劃等衡量公司盈利和業務的增長動力與潛力。

衡量股票是否派息，股息的穩定性等。

市場情緒變化等與股票收益率相關的非線性因素。

集主動與被動投資之大成

因子投資法通過分析長期有效的因子,尋找具特定特徵的股票,而由於這些因子的表現會隨時間和市場環境而變化,因此在選定因子以後,還要不斷關注因子的表現、變動,以及市場環境的變化,是主動與被動投資的結合。

由以下圖表可以看到,主動和被動投資是兩極,而因子投資處於兩者之間,既有主動投資的靈活性,又不失被動投資的規律。

圖表3.3 因子是主動與被動投資的結合

被動投資策略
Passive
Strategies

因子投資策略
Smart beta

收費較主動投資
相對低

有機會跑贏大市基準

分散及多元化

投資容量龐大

主動投資策略
Active
Strategies

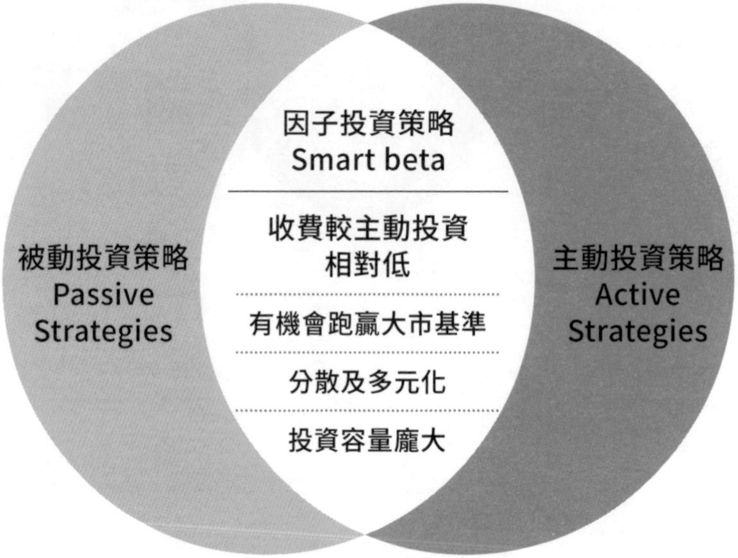

圖表3.4　歐美 smart beta ETF 的增長明顯

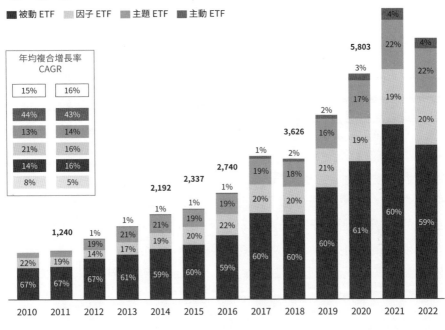

資料來源：顧問機構 Oliver Wyman

基金數量												
2,389	2,903	3,131	3,280	3,653	3,953	4,080	4,304	4,577	4,534	4,458	5,098	5,697

圖表3.5　國內因子ETF正逐步趕上

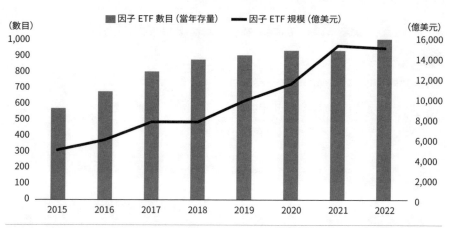

資料來源：etf.com，中証指數田有限公司

綜合而言，投資者一方面尋求差異化策略以跑贏大市，同時對不同主題的投資產品的需求仍在上升。可以預料，投資者對收費高但回報不確定的純主動管理ETF將越發遲疑，同時對於純買大市的被動ETF又不滿足，相信因子ETF或smart beta將會越來越受吹捧。在第四章，將會再深入探討這兩類正兵的部署。

3.2
以奇勝：債券、期權、
槓桿與反向ETF

《孫子兵法》強調用兵必須正奇互用，才能戰無不克。何謂「奇」？奇是「奇」數的奇，即是單數，指在正交鋒之時，永遠要保留多一支預備軍，以迂迴、非常規戰術發動突襲，或在敵人頹勢時「出奇制勝」。「奇正」應用在投資上，我們就要做好資產分配，不要將所有資金投入主題ETF及因子ETF等正兵，保留部分預備資金，看準時機發動奇襲——投資主動管理型ETF。

債券ETF——低門檻、高透明度

主動管理型ETF不完全複製指數，以目標為本，出招的章法因應市況而改變。ETF的本質已起到分散資產的作用，要再下一城，就要進一步分散資產類型。其中一個可取的做法，就是在資產類型中加入債券，有助在不同市況中佔據攻守之利。所以本章節首先介紹的奇兵就是債券ETF。顧名思義，債券ETF即是包着一籃子債券的

ETF。這些債券可以由不同國家發行，有不同信用評級、到期時間及債券類型（例如公司債、政府債）等。投資債券ETF就可以同時獲得這些不同類型債券的回報，並降低單一債券風險。

近年投資債券ETF的門檻更低、更靈活，因此越來越受投資者歡迎。債券ETF的交易方式與一般ETF類似，但其構造與股票ETF不太一樣，因為債券本身的交易模式和定價法則較股票複雜。

債券的定價原理

債券定價基於期望現金流（expected cashflow），即是預期的每期利息，加上到期時取回本金的現值總和。計算期望現金流，要考慮債券的票面利率和到期時間。票面利率是債券到期時支付的固定利率，到期時間則是債券到期贖回本金的日期。期望現金流愈高，債券的價格自然更高。

而債券的市場價格則和股票相似，都是按投資者在市場上的需求和供應決定。由於債券的票面利率在發行時已經固定，當債券發行後，若市場

利率（或無風險利率）上升，債券的利率便會低於市場利率，使該債券的吸引力下降，市場價格亦因而下降。相反，若市場利率下降，債券的市場價格就會上升。執筆之際值2023年中下旬，加息開始見頂，也應是債價見底之時了。

債券的場內交易原理

債券可以在場內或場外（over-the-counter, OTC）交易，先說場內交易。投資者通過證券公司或交易員進行買賣，並在一級和二級市場交易。在一級市場上，發行人（公司、政府或其他實體）發行新債券，投資者（機構投資者為主）可以直接從發行人處購買債券，或通過證券公司或經紀人進行申購。債券發行時，投資者可以選擇不同票面利率和到期時間的債券，以滿足其投資需求。一級市場的債券交易通常是通過招標、發行公告或委託銷售進行的，投資者需要向發行人提交申購申請，以獲得新發行的債券。價格方面，初級市場上的債券通常以票面價值出售。

而在二級市場上，投資者（機構或個人）可以在證券交易所買賣已發行的債券，發行人不參與交易。交易時，投資者必須檢視債券的市場價格和票面利率，以確定是否有投資價值。債券的價格會隨著市場供求變化、利率波動等因素而波動，可能會高於或低於票面價值。交易完成後，投資者將按時收到債券利息，並在債券到期時收回本金。

圖表3.6　場內買賣債券簡易流程圖

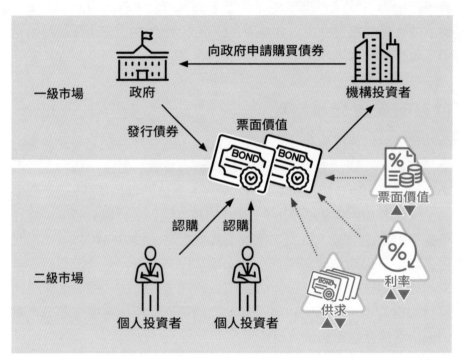

在交易所上交易的債券通常具有更高的交易透明度、公平性和流動性。交易所提供交易平台，讓投資者可以透過公開報價系統，隨時查詢債券價格和成交情況，並可以進行集中撮合交易，降低交易成本。但需要注意，不同的債券種類在交易所上的交易方式和規定可能不同，常見的類型包括政府債券（中央政府、地方政府、財政部等），用於籌措政府項目的資金。政府債券可以是國內

或國際的,例如美國國債、中國國債等;公司債券則是由公司發行,通常用於籌措資金或擴大業務。公司債券可以是投資級或非投資級的,根據其信用評級不同,其風險和收益也會有所不同;抵押債券(collateralized debt)是由抵押品支持的債券,是證券化的一種(securitization),例如房地產底押債券(Mortgage Back Securities, MBS);存款證明是由銀行發行的短期債券,通常用於籌措短期資金。除此之外,還有一些特殊債券,例如可轉換債券(convertible bond)、可交換債券(exchangeable bond)、永續債券(perpetual bond)等,這些債券也可以在交易所上交易。需要注意的是,在不同的交易所,可交易的債券種類可能會有所不同,因此在進行債券交易前應詳細了解相關規定和風險。

債券的場外交易風險

債券亦可以場外交易。在場外交易中,債券買賣是由交易雙方直接協商達成的,通常由銀行、證券公司、基金公司等機構作為交易對手方,交易過程相對靈活,但交易協調流程可以很繁複,已存在交易對手方風險,交易成本也頗為不透明,因為債券交易的成本是隱含在價差(spread)當中,而非佣金。大部分債券 ETF 的底層債券交易會以場外方式進行,皆因一般債券 ETF 都可以以實物申購或贖回,給予投資者和造市商更大彈性以達至最優交易效果。債券 ETF 的價格會隨著其投資組合的價值變動而變動,因此投資者可以在市場上實現債券投資的價值變動。

債券ETF的優勢——門檻低且透明

債券ETF對比單隻債券有很多優點。首先是多樣化，投資債券ETF包含一籃子債券，以「華夏BMO亞洲美元投資級別債券ETF」（3141）為例，該ETF包含了亞洲地區投資級別的公司債，地域分佈較廣，有助降低單一債券風險。其次是債券ETF可以在交易所買入或賣出，方便隨時交易。另外，債券ETF的管理費通常比傳統的債券基金低，如3141的每年經常性開支只需0.35%，投資者只需以較低的成本即可獲得債券的回報與利息，入場門檻低了很多。而且債券ETF的持倉與股票ETF一樣都是公開透明，可以隨時查看其持有的底層債券。

選擇債券ETF要留意折讓

選擇債券ETF的時候，最好是先設定明確的目標如投資級別（investment grade）、高收益（high yield）、國債（treasury）或某行業債（中資美元地產）等，然後再尋找對標指數及ETF。

然而，債券ETF也存在一些風險。由於一隻債券指數往往包括幾百隻債券，而每一隻債券的最低購入資金比股票高很多，所以債券ETF多數會用比例代表採樣，比如3141的持倉大約是160-170隻債券。為了減低追蹤誤差，債券ETF會將底層債券的存續期、期限、品級等調整至與對標指數最接近、最固定的狀態，這很考驗ETF基金經理的經驗及能力，基金經理的功力深淺將直接影響ETF的品質。其他風險也包括ETF市價與淨值的差距，債券ETF成交量一般

不會太高，但底層債券的淨值會因應信用、利率等市況改變，因此債券 ETF 容易出現折讓。投資者在買賣債券 ETF 的時候必須參考日內淨值，以確保能以接近公平價成交。

圖表 3.7　港交所上市的債券 ETF

ETF 代號	產品名稱
2813	華夏彭博巴克萊中國國債 + 政策性銀行債券指數 ETF
2817	Premia 中國國庫及政策性銀行債券長久期 ETF
2819	ABF 香港創富債券指數基金
2821	沛富基金
3001	Premia 中國房地產美元債 ETF
3011	工銀中金美元貨幣市場 ETF
3041	Global X 富時中國政策性銀行債券 ETF
3053	南方東英港元貨幣市場 ETF
3059	Global X 彭博 MSCI 亞洲（日本除外）綠色債券 ETF
3071	中金港元貨幣市場 ETF
3077	Premia 美國國庫浮息票據 ETF
3079	中金彭博巴克萊中國國債 1-10 年 ETF
3080	中國平安 CSI 5-10 年期國債 ETF
3096	南方東英美元貨幣市場 ETF
3122	南方東英人民幣貨幣市場 ETF
3141	BMO 亞洲美元投資級別債券 ETF
3199	南方東英中國五年期國債 ETF
3125	iShares 安碩短期中國政策性銀行債券 ETF
2829	iShares 安碩中國政府債券 ETF
3192	博時人民幣貨幣市場 ETF
3152	博時港元貨幣市場 ETF

個股＋期權ETF —— 適合保守投資者

另一種奇兵是以實物股票為主，並加入個股或指數期權作覆蓋策略（overlay strategy）。這類ETF會先建立實物股票組合，可以是以因子作篩選（如低波動），然後配以沽出不同行使價的認購期權，賺取權利金以轉化為ETF股息，同時亦相對減低ETF組合的整體波動率。比較知名的例子是由摩根大通資產管理發行的摩根大通優質收益ETF（JEPI）。然而這類ETF的缺點是過於注重派息，加上篩選股票的準則經常以波動率低為優先，使股價的上升空間相對其他策略可能比較有限。尤其是牛市之時，雖然沽售認購權的期權金收入可觀，但未必能追上股市的實際升幅，從而侷限了長期資本增長（longterm capital appreciation），因此比較適合相對保守的投資者。

槓桿＋反向ETF —— 單邊市小試短炒

然後就是槓桿（正向）及反向ETF。槓桿及反向ETF最初於2006年在美國推出，2008年開始廣受歡迎。金融風暴發生後，有人開始擔心它們會受股價波動的後期影響，造成整個市場的波動，有一些市場參與者堅持認為，槓桿ETF的相關交易是導致市場過度波動的主因，更是操縱股價的主要途徑；持反對意見的人則堅稱由於此類ETF佔整體市場規模太小，其影響微不足道。業界激烈的爭辯自然引起了監管機構的注意。

2011年10月,美國參議院銀行委員會舉行聽證會,研究了6隻地產相關行業的槓桿ETF的性質及其對 63隻地產股交易的影響。研究結果顯示,槓桿ETF在股市尾盤的調倉顯著地影響了成分股的價格表現,同時亦增加了其波動性,而部分影響會在第二天開市的首個小時內恢復正常,且影響對市值較小、交投較淡的股票來說最為明顯。該研究也有證據顯示,套利交易者可以利用槓桿ETF來預測某些股票的尾盤資金流,並進行掠奪性的套利交易。

擴闊投資者眼界,可以沽的ETF

話雖如此,投資者對這類ETF產品的熱愛程度有增無減。以韓國及台灣為例,槓桿及反向ETF的出現,大大提升了當地投資者對ETF的整體興趣。當2017年香港引入槓桿及反向ETF,市場亦出現相同情況,香港投資者發現原來ETF不只可以揸,亦可以沽!

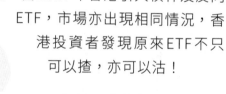

初時正向槓桿ETF只准放大兩倍,反向ETF則只可一比一;後來連放大兩倍的反向ETF也被證監會批准入局,自然更加刺激。記得當年本人亦參與了槓桿及反向ETF的整

段引入及改良歷程，清楚觀察到大多數沾手這類ETF的投資者其實都對其理解甚少。當中令我印象最深刻的莫過於「每日重置」（daily reset）及「複合效應」（compund effect）這兩個槓桿及反向ETF至關重要的特性。

先溫故後知新。槓桿ETF主要透過使用金融衍生工具（例如期貨合約或調期合約）的比例來達至放大指數正向回報的效果；反向ETF則是通過做空衍生工具來實現從指數的下跌中獲利。比如恒指單日升1%，ETF 7500（恒指正向兩倍ETF）的當天回報率便約為2%（扣除費用和開支）；相反，如果恒指數在一天內下跌1%，7500則會下跌約2%（扣除費用和開支）。無論正向反向，現時香港最多允許的倍數為單日兩倍。

確保ETF的fair value——「每日重置」

留意「單日」這個關鍵詞！為甚麼只可以做到單日的回報？因為這類ETF的邏輯，是要確保無論正向還是反向，ETF的每日總曝險（risk exposure）必須為淨資產的兩倍。因此，ETF發行商要每天透過買賣掉期合約或期貨來重新調整曝險，使該基金盡可能接近指數每日表現的規定倍數。

以文字闡述可能比較抽象，我們用圖畫來解釋。以下兩張圖參考全球第二大槓桿反向ETF發行商，美國Direxion官網上的槓桿及反向ETF教學專區。由於Direxion在美國主力發行三倍ETF，因此教材也以三倍ETF為例子，但例子中的數字會盡量簡化，使大家更易明白。

圖表3.8 三倍正向槓桿ETF減倉例子

❶ 初始配置與曝險

$300
總曝險

$100
ETF 資產

❷ 指數下跌 1%

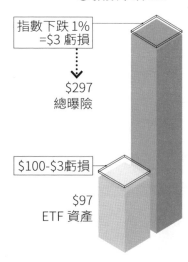

指數下跌 1%
=$3 虧損

$297
總曝險

$100-$3虧損

$97
ETF 資產

❸ ETF 曝險調整

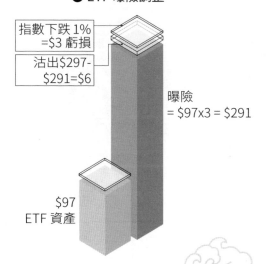

指數下跌 1%
=$3 虧損

沽出$297-
$291=$6

曝險
= $97x3 = $291

$97
ETF 資產

83

圖表3.8是虧損的情況。假設開盤時一隻三倍正向ETF淨資產為 $100，其曝險便是 $300（$100的三倍）；當日指數下跌了1%，那麼ETF便會損失 $3。到這裡便要分兩個部分來看，首先是資產淨值變成了 $97（$100－$3）；而曝險則變成 $297（$300－$3）。但由於要保證ETF的曝險為淨資產的三倍，即 $291（$97×3），發行商便會在收市前進行 $6減倉（$297－$291）。

圖表3.9　三倍反向槓桿ETF加倉例子

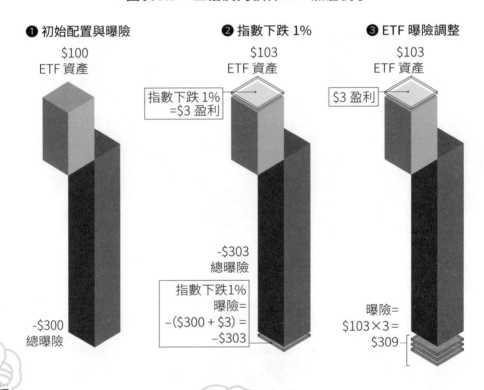

❶ 初始配置與曝險

$100
ETF 資產

-$300
總曝險

❷ 指數下跌 1%

$103
ETF 資產

指數下跌 1%
=$3 盈利

-$303
總曝險

指數下跌1%
曝險=
－($300 + $3) =
－$303

❸ ETF 曝險調整

$103
ETF 資產

$3 盈利

曝險=
$103×3 =
$309

圖表3.9則是盈利的情況。假設開盤時一隻三倍反向ETF淨資產為
$100，而曝險是-$300。留意：這裡的曝險是負數，因為反向ETF
是沽空指數。同樣標的指數下跌1%，那麼反向ETF便賺了$3。同
樣分兩部分考慮，先看ETF資產淨值，由$100變為$103，然後曝
險則變成-$303。所以這時淨資產的三倍應為-$309（-$103×3），
因此發行商便要加倉-$6。

這個減倉與加倉的行動，便是所謂的「每日重置」，這個操作幾乎
每天都會進行，以確保ETF不會因為日中的波動而大幅偏離對標指
數。記得2020年初美國受疫情衝擊，美股日日熔斷，導致槓桿及反
向ETF無法重置，因而出現大幅度貶值或溢價。不過ETF的好處是
透明，當市價大幅偏離淨值，隔天造市商的開價自然會逐步向即時
淨值靠攏，儘量令ETF回復到fair value。

上落市侵蝕回報——「複合效應」

相信各位都留意到，在進行「每日重置」時，虧損的情況下會減倉，而賺錢的時候就會加倉。這便是所謂的「贏就谷，輸就縮」。聽起來不是很完美？因為意味著看對方向一路持有，就可以越賺越多，就算看錯方向都至少越輸越少。如果市場只行單邊，日日升或日日跌，理論上是有可能的，這便是「複合效應」。但實際上，大多數時間市場都是日日升升跌跌，極少出現長期單邊市，而重置後 ETF 的曝險每日都不同，此時「複合效應」帶來的結果便可能很不理想。

圖表 3.10 反向兩倍 ETF 複合效應的影響

		水平	重置前的 ETF 曝險	重置後的 ETF 曝險
第一日	當日指數	1,000		
	-2X ETF 資產值	$100	-$200	-$200
第二日 （指數升 10%， ETF 跌 20%）	當日指數	1,100		
	-2X ETF 資產值	$80	-$220	-$160
第三日 （指數跌 10%， ETF 升 20%）	當日指數	990		
	-2X ETF 資產值	$96	-$144	-$192

ETF 攻守勝訣

圖表3.10就以反向兩倍ETF在三個交易日的不同情況為例說明。假設第一日標的指數為1,000點,你投資了$100在這隻反向兩倍ETF,其ETF資產淨值是$100,曝險為-$200。第二日指數升了10%,以1,100點收市,即是ETF跌20%,因此ETF淨值由$100變為$80,而重置後其曝險為-$160($80×2)。到了第三天指數回調10%,以990點收市。很多人會認為ETF見家鄉了!但其實不然,因為在第三天ETF的淨值是$80,而非你一開始投入的$100,因此就算指數回調10%,ETF的淨值只回到$96($80×1.2)。

以上三日這隻反向兩倍ETF在曝險上完全跟足市況,毫不偏差地給予單日指數的負兩倍回報。但假如你持有該ETF三天,指數一共累跌了1%,你以為自己買對了方向?實際上你的投資反而累跌

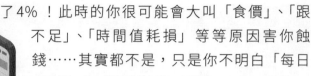

了4%！此時的你很可能會大叫「食價」、「跟不足」、「時間值耗損」等等原因害你蝕錢……其實都不是，只是你不明白「每日重置」和「複合效應」而已。

由此可見，在「每日重置」的機制下，ETF單日的回報率大致上可以與對標指數單日的表現相仿；但假若持有時間超過一日，便無法保證回報相若，萬一碰上震盪的上落市，對回報的侵蝕便更明顯。

反向ETF作對沖有難度

曾經不少人認為反向ETF可以作對沖，我甚至親眼見過一位A股長倉基金經理嘗試操作，因其基金不能買賣衍生工具，於是他試圖以滬深三百反向ETF作對沖。基金經理進行對沖前都會定好對沖比例，對沖比例一般都會固定一段時間，然後再計算所需成本。由於反向ETF會每日重置，致使這位基金經理亦要每天跟著重置對沖比例，但複合效應會使下一日的對沖比例更難以預設，再加上反向ETF的管理費一般較高，最終該基金經理決定放棄使用反向ETF對沖。可見，想以反向ETF作對沖，涉及的複雜計算足以使專業的基金經理卻步，相信普通散戶只會更摸不著頭腦，盲目對沖的後果往往是帶來更大損失。

總括來說，槓桿及反向ETF與一般ETF的投資操作完全不同，它不能長期持有，亦未必適合作對沖用途，或者更適合作即日短炒。對比期貨，雖然期貨交易成本相對較低，也沒有管理費，但槓桿與反向ETF不需要保證金，也不會被call孖展，也不用作roll-over，以此代替期貨尚有可取。不過，與「即日鮮」不同，本書旨在以ETF作中長線理性投資，因此這類槓桿及反向ETF只宜在單邊市作「奇兵」突擊而已。

下一章，我們會回到正兵部分作更深入部署。

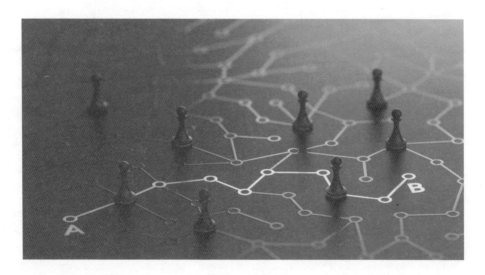

第四章

謀攻第四

故善用兵者，屈人之兵而非戰也，
拔人之城而非攻也，毀人之國而非久也，
必以全爭於天下，
故兵不頓而利可全，此謀攻之法也。

——《孫子兵法·謀攻》

4.1
拔人之城而非攻：
熱炒美股主題ETF

知悉戰場，了解兵種，然後便是謀劃如何出兵打仗了。同樣是得勝而回，但你憑$10萬元成本去賺$100元，過程中還滿佈驚濤駭浪；與你將$1萬元放在銀行做定期，無風無浪到期收回$100元，大抵是不一樣的體會吧？何謂最有智慧的謀攻？《孫子兵法》說「屈人之兵而非戰也，拔人之城而非攻也」，不靠正面對陣而損人兵力、破人城池才是上將之道。如何將這一概念應用在投資世界？當然是「食住個勢」——不要跟國家打對台，看準戰地與主題，坐一轉順風車。

前文已多次強調，美國ETF市場乃兵家必爭之地，就讓我們先以美國這戰場示範，如何部署有潛力的投資主題。當下熱門的主題包括科技、綠色能源、人口老齡化、新興市場等，我們就選擇科技主題。別以為科技股等於買企業成長，長線等收成下一隻「QQ」（0700）！其實科技股主要炒政策，是相對短線的投資。

美市科技ETF，還看中概股

聽到要在美股市場選擇科技主題的股票／ETF，你會最先想到哪些股票？蘋果（AAPL）、微軟（MSFT）、谷歌（GOOGL）……？非也！這類ETF的關鍵是中概股。沒錯！中概股即是在美國上市的中國公司股票，主要以互聯網經濟為主，包括電子商務、網絡支付、在線教育、在線醫療等多個領域。這些公司大多數業務都在中國本土，由於近年中美角力延伸至科技領域，以及國內對互聯網的監管收緊，令中概股這一版塊備受市場關注。受到中美關係、中國經濟情況、公司業績等多種因素影響，中概股的股價波動向來較大。再加上，中國政府加強了對企業在海外上市的監管，要求企業符合國內的法律、法規和監管要求，並進一步加強了對中國企業的跨境監管。這些因素都令投資者對中國企業的未來發展前景產生了擔憂。

但自2022年年底，上述情況有所改善，對中概股的股價走勢開始出現了不同看法。

其實中國互聯網經濟是全國經濟的火車頭，其市場規模龐大，擁有超過9億網民和4億多移動互聯網用戶。根據統計，中國電子商務市場的規模已經成為全球最大的市場，而且通過技術創新，正驅動着產業的膨脹。中國互聯網企業在技術創新方面擁有相當高的技術水平和創新能力，例如在電子支付、短視頻等新興產品和服務上可謂冠絕全球。而一直以來的國家政策都是相當支持互聯網經濟的發展，包括提高互聯網基礎設施建設、鼓勵企業創新、簡化管理程序等。不然阿里、騰訊又怎麼能建立如此龐大的電子商業網路？餘額寶又如何能夠出現？

中國政府還積極推進數字經濟發展，加強數字經濟與實體經濟的融合，促進產業轉型升級。然而，正因為政策一路以來過於支持而缺乏監管的敏感度，這些龍頭企業漸漸廣泛涉足其他商業領域，尤其是金融業，變成所謂「無序擴張」。好處是令中國的互聯網金融一日千里，發展進程無人能及，在金融這個需要高度監管的領域上肆無忌憚，由個人投資到信貸，自成一方，政府伸手不能及。於是中國政府便開始加強了對互聯網企業的監管，尤其對互聯網金融、網絡直播投資等領域進行了整治，要求企業遵守國內的法律和合規。短期來說對市場造成了不少衝擊，但長線來看，完整的規管可以更好地保障零售投資者的利益，以免資本市場出現統性風險。

中美進展的「定心丸」

另一方面，來自美國政府的壓力自2022年年底，美國上市公司會計監督委員會（PCAOB）與中國政府就中概股的審計權限達成共識後有所緩和。2022年12月PCAOB在其官網上的報告聲稱首次獲取中概股公司的審計權限，在香港歷時9週的現場審查後，確認其在2022年度可以獲得對中國內地以及香港的會計師事務的無約束審查權限，進而撤銷其於2021年底公佈的對於相關事務所無法進行審查的決定。中國證監會也同時發表積極回應，表示在審計監管合作協議簽署以來，雙方監管機構嚴格執行各自的法律法規和協議的有關約定，合作開展了一系列卓有成效的檢查和調查活動，各項工作進展順利，歡迎美國監管機構基於監管專業考慮重新做出的認定，期待繼續推進今後年度審計監管合作。

中概股審計問題由來已久，也是近年美國壓制中概股市場風險偏好的主要因素之一。自瑞幸咖啡爆出會計問題，美國便要求外國公司會計事務所提交審計底稿，若連續三年無法提供，或將面臨退市風險。所以這次是繼中美簽署審計監管合作協議打下合作基礎後，取得的新進展和實質性突破，為後續的年度審計監管合作打下基礎，也基本掃除了近年中概股披露年報時再度被標記的風險，因為如果連續三年上榜將面臨被退市的可能；而之前已經被上榜的中概企，他們的倒計時也將因此重置，算是暫時消除了中概股退市的尾部風險。

言下之意，短期來說監管的進展有助於改善風險偏好，支撐當前中

概股的投資情緒與估值修復。代表中概股的納斯達克金龍指數，自2022年10月底的4,000點低位以來，已經反彈近50%，23年2月時更一度升穿8,000點。此次中概股監管積極進展，為持續多年「懸而未決」的退市風險投下了一顆「定心丸」，有望持續推動全球投資者對這一版塊的配置修復，從而支撐股價。23-24年在當前位置可能會出現短暫休整甚至局部橫行，但24年中以後有望逐步持續上行，有更多的盈利和股價上升空間。

圖表4.1　　中概股近年大事回顧

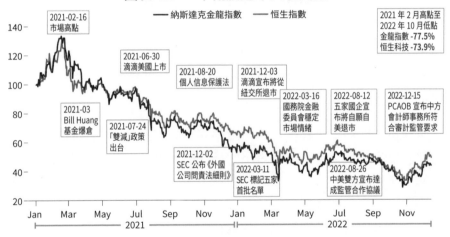

回歸港股成主流海外上市方式

只是有一點不得不承認，無論最終退市與否，選擇赴港上市仍將是中概股對沖潛在不確定性的一個主要選擇和趨勢。目前已有 28 家

公司通過二次上市或雙重主要上市方式回歸港股，且預計更多符合條件的中概股公司將回歸港股。在港上市並且可納入港股通範圍，或會成為以後的主流海外上市方式。所以從短線看，更多中概股公司的回歸有助於進一步優化恒生科技指數，吸引資金沉澱，進而受更多優質公司和資金追捧科指。因此投資中概股的定位是短線操作。

中概股的ETF很多，香港上市的就不下數隻，美國上市的就更加多。與期盲目地大海撈針，倒不如有的放矢，選ETF先選指數，而最全面代表中概的指數首當納斯達克中國金龍指數。納斯達克中國金龍指數（Nasdaq China Golden Dragon Index）是為了跟蹤在美國交易的中國公司股票而建立的指數，由美國納斯達克指數公司（Nasdaq）編制，目的是反映在美國上市的中國公司的整體表現。這指數通常被視為投資者評估中概股在美國市場的風險和回報的重要工具。金龍指數包含了在納斯達克交易所和紐約證券交易所上市，市值最少2億美元的中國公司，這些公司的業務主要集中在中國。指數成分股的行業涵蓋了消費品、能源、金融、健康護理、工業、資訊科技、材料、房地產、電信和公用事業等多個領域，使美國的投資者能夠更全面地了解中國經濟的多元化情況。指數成分股的選擇和權重分配是基於市值加權方法，這意味著市值較大的公司在指數中所佔的比重較高。由於赴美上市的中國企業有成熟的企業，也有初創的企業，以市值加權有助於確保指數的穩定性，並降低單一個股對整體指數表現的影響。

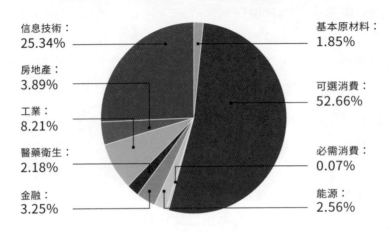

圖表4.2　納斯達克中國金龍指數行業分佈

信息技術：25.34%

房地產：3.89%

工業：8.21%

醫藥衛生：2.18%

金融：3.25%

基本原材料：1.85%

可選消費：52.66%

必需消費：0.07%

能源：2.56%

除了金龍指數，中證指數公司也有一隻類似指數——滬深海外中國互聯網指數。該指數主要收錄了註冊地和營運中心均在內地，而且營運收入必須有一半以上來自內地市場。選股方面，指數會選取符合五個行業條件的公司，包括互聯網軟件（開發與銷售互聯網軟件的公司）、家庭娛樂軟件（開發主要在家中使用的家庭娛樂軟件和教育軟件的公司）、互聯網零售（主要通過互聯網提供零售服務的公司）、互聯網服務（主要通過互聯網提供各類服務的公司）以及移動互聯網（開發與銷售移動互聯網軟件或提供移動互聯網服務的公司）。這些選取的股票會作為指數的樣本。其中，若同一家公司的國外市場證券和香港市場證券同時入選，則優先納入香港市場證券。因此，滬深海外中國互聯網指數在上市地區上比較側重香港，前十大持倉中香港：美國的比例是70:30。

圖表4.3　中證CSI中國海外互聯網指數股票上市地點及行業分佈

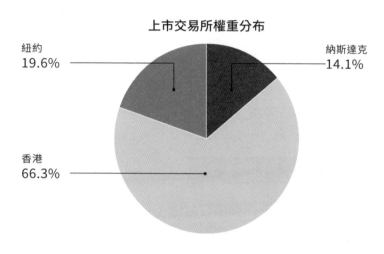

上市交易所權重分布

紐約
19.6%

納斯達克
14.1%

香港
66.3%

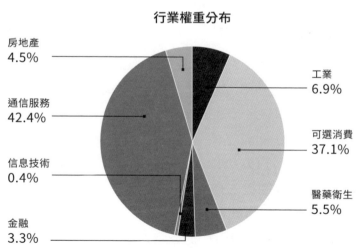

行業權重分布

房地產
4.5%

工業
6.9%

通信服務
42.4%

可選消費
37.1%

信息技術
0.4%

醫藥衛生
5.5%

金融
3.3%

如此比較起來，可以看到金龍指數主要歸納在美上市的中概股，而滬深指數則側重於香港上市者，但兩者結構相同，都是以中概股為目標。雖然我們認為未來中美雙方達成合作協議依然是大概率事件，短線在美上市中概股仍有上升空間，但也無法排除中美監管協商過程中可能出現的更多不確定性。如果未來中線真的發生被迫退市的極端情形，來港雙重上市似乎是必然趨勢。根據這個願景，從短線及中線兩個角度考慮，滬深海外中國互聯網指數可能更適合。

有的放矢選中概股 ETF

選好了指數，便可以進一步選擇 ETF。無獨有偶，市場上追蹤滬深海外中國互聯網指數的 ETF 的確遠比追蹤金龍指數的要多，當中最出名莫過於金瑞滬深中國網路 ETF（KWEB）。KWEB 的發行商是美國的金瑞基金（Kranshares）。

由 Johnathan Krane 於 2013 年成立。Jonathan Krane 可謂「中國通」，他早年在中國工作了 20 年之久，建立自己的傳媒娛樂公司，後來回到美國創辦了 Kraneshares，專門提供中國股票主題 ETF。Kraneshares 在 2014 年在美國發行了第一隻 MSCI 中國 A 股 ETF（KBA），而由於 2014 年尚未有滬深港通，買賣 A 股要通過 RQFII，Kranshares 當時便跟另一家中資「老十家」基金公司博時基金合作管理。由於早年美國投資者對中國市場認識不多，而且滬深 300 指數的知名度相對高，投資者如想投資 A 股，一般都會選擇安碩滬深

300ETF（ASHR），因此 Kraneshares 推出的 KBA 並不受注目，加上公司初成立，業務模式等尚未成型。直到2018年，MSCI宣布將A股納入其一系列的全球指數，Kraneshares 看準時機，把KBA的追蹤指數換成MSCI中國A股納入指數，投資者只需買KBA就能簡單直接地解決投資組合內需要配置的A股部份，令KBA資產以數十倍上升，可謂一戰定天下。

Kraneshares漂亮的另一仗必定要數KWEB。KWEB於2013年在美國上市，在此之前，投資者如果想投資中國科技概念ETF，大多數會選擇安碩中國ETF（MCHI）；但MCHI雖然有40%權重於百度、阿里、騰訊，但始終是全市場類型，不單單只是科技股，所以當KWEB推出時，市場即時反應熱烈。再加上當時正值中資科技概念公司赴美上市熱潮，中美關係又融洽，各種主客觀因素輔助下，令KWEB更加當灶，在美國賣個滿堂紅。後來Kraneshares迅速發展到歐洲及亞洲各國，KWEB亦隨之名滿天下，幾乎成為了全球投資者投資中國互聯網公司的首選，Kranshares亦一躍成為灼手可熱的ETF公司。2017年，Kraneshares受到中金公司青睞，注資成為策略大股東，加強了Kraneshares的資本額，成為更有實力的ETF發行商。

圖表4.4 中證 CSI 中國海外互聯網指數十大持倉

股票	公司	行業	上市地點	比重 %
00700.HK	騰訊	通信服務	香港	11.94
09988.HK	阿里巴巴 -SW	可選消費	香港	9.47
03690.HK	美團 -W	可選消費	香港	6.40
PDD.O	拼多多	可選消費	納斯達克	5.09
09888.HK	百度 -SW	通信服務	香港	4.90
09618.HK	京東 -SW	可選消費	香港	4.84
09999.HK	網易 -W	通信服務	香港	4.72
BEKE.N	貝殼	地產	納斯達克	4.50
TME.N	騰訊音樂	通信服務	紐約	4.40
09961.HK	攜程 -S	可選消費	香港	4.34

圖表4.5　KWEB十大持倉

公司	代號	比重 %
騰訊	00700.HK	11.94
阿里巴巴 -SW	09988.HK	9.47
美團 -W	03690.HK	6.40
拼多多	PDD.O	5.09
百度 -SW	09888.HK	4.90
京東 -SW	09618.HK	4.84
網易 -W	09999.HK	4.72
貝殼	BEKE.N	4.50
騰訊音樂	TME.N	4.40
攜程 -S	09961.HK	4.34

上文提到KWEB追蹤的是滬深海外中國互聯網指數，由中證指數公司編制，共有33隻持倉股票。KWEB採用完全複製法，可見十大持倉與指數一致。KWEB亦加入了兩點風險管理元素，包括單一成份股比重不得超過10%，前五大成份股總比重不得超過40%，以免組合高度集中在龍頭股票。現時ETF的總資產超過60億美元，總經常性開支為0.69%，雖不算特別低，但考慮到可以將在美及在港兩地上市的中概股一網打盡，性價比還算是不錯的。

圖表4.6　追蹤CSI中國互聯網指數及納斯達克中國金龍指數的ETF對比

	KWEB	PGJ
今年以來表現	-6.258%	-0.725%
資產規模（美元）	55.4 億	2,040 萬
經常性開支	0.69%	0.70%
基金歷史	10 年	18 年

總括而言，在**主題ETF尋寶的關鍵是先分析與主題相關的政策，判斷政策的影響是長線還是短線，然後再決定對標指數，最後在範圍內選取最佳的ETF。在選擇相關的ETF時，要分析的領域包括上市地點、管理費、追蹤誤差、資產規模、流動性等。此外，也要研究ETF的持股組合是否能反映所選主題的特點。**

順帶一提，主題投資成功與否取決於主題的持續發展。一定要定期評估所選主題的未來前景，以及相關ETF的表現。根據評估結果，可以調整投資組合，以確保投資策略仍然合適。

4.2
必以全爭於天下：
A股特色主題ETF

上一章節旨在於美市中尋寶，而根據不同的主題，選取合適的戰場當然更有奇效。接下來我們看看在A股市場中又有甚麼特色主題版塊，能**「毀人之國而非久也，必以全爭於天下」**，一戰定江山。

國內ETF種類琳瑯滿目，無論是寬基或版塊都有。過去國內市場一般以大盤股票指數最廣為人識，但近年主題ETF亦嶄露頭角，當中有沒有一些其他市場沒有的獨特主題？軍工板塊可能是其中之一。中國軍工行業是中國的重要支柱性產業之一，負責為中國軍隊提供各種軍事裝備和技術支持。軍工板塊被稱為A股「男神」，它有三個特性：高增長、抗跌力、低相關。軍工產業涉及航空航天、船舶航運、電子、武器和核工業六大領域。近年來，軍工板塊得到越來越多機構的重視，軍工股的基本面也出現了很大的改變，部分優質軍工股已經成長為白馬股。軍工股將成為中長線可以持續關注的主題之一，其長線關注價值明顯，不僅是由於國際局勢動盪的刺激，更重要是有著大國強軍的需要，推動著軍工股基本面的改善。

眾所周知，國際局勢錯綜複雜，地緣危機一觸即發，軍工品市場需求強勁。隨著全球軍備競賽加劇，以及中國國防建設的不斷推進，中國軍工行業的市場需求持續遞增，除了自用外，軍工產品出口亦是實現高質量發展的重要途徑之一。而且方今世界軍備不僅限於船堅炮利，技術創新才是驅動發展的來源。中國軍工行業在技術創新方面持續地長足進展，並加強了自主研發能力，致力於實現技術轉型升級，推動行業走向高端化、智能化。至於國家政策的支持就更不用說了，中國軍費每年高速增長，政府一直積極支持軍工行業發展，包括提高投入、簡化管理程序等，又鼓勵軍工企業與民營企業合作，促進產業轉型升級。二十大報告中多次提及國防建設，指出加快把人民軍隊建成世界一流軍隊，是全面建設社會主義現代化國家的戰略要求。

圖表 4.7 2011 至 2022 年中國國防支出及增長率

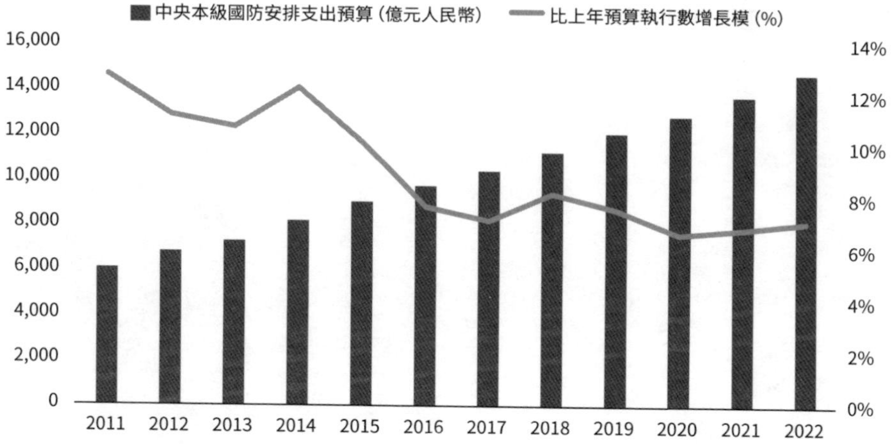

■ 中央本級國防安排支出預算 (億元人民幣) ── 比上年預算執行數增長模 (%)

圖表 4.8　中國軍備出口全球排名第四

出口國排名		武器出口佔全球份額		武器入口佔比（%）		
		2017-2021	2012-2016	第一名	第二名	第三名
1	美國	39	32	沙特阿拉伯 (23)	澳洲 (9.4)	韓國 (6.8)
2	俄羅斯	19	24	印度 (28)	中國 (21)	埃及 (13)
3	法國	11	6.4	印度 (29)	卡塔爾 (16)	埃及 (11)
4	中國	4.6	6.4	巴基斯坦 (47)	孟加拉 (16)	泰國 (5.0)
5	德國	4.5	5.4	韓國 (25)	埃及 (14)	美國 (6.1)
6	義大利	3.1	2.5	埃及 (28)	土耳其 (15)	卡塔爾 (9.0)
7	英國	2.9	4.7	阿曼 (19)	沙特阿拉伯 (19)	美國 (19)
8	韓國	2.8	1	菲律賓 (16)	印尼 (14)	英國 (14)
9	西班牙	2.5	2.2	澳洲 (51)	土耳其 (13)	比利時 (8.6)
10	以色列	2.4	2.5	印度 (37)	阿塞拜疆 (13)	越南 (11)
11	荷蘭	1.9	2	印尼 (18)	美國 (16)	墨西 (10)
12	土耳其	0.9	0.7	土庫曼 (16)	阿曼 (16)	卡塔爾 (14)
13	瑞典	0.8	1.2	巴基斯坦 (24)	美國 (24)	巴西 (15)
14	烏克蘭	0.7	2.5	中國 (39)	泰國 (15)	俄羅斯 (13)

不過，國內軍工業也同時面臨着國際制裁和全球競爭的壓力，例如美國對中國軍工企業實施制裁，影響了中國軍工企業的國際化進程。中國過去十年雖穩定為全球前五大武器出口國，惜市場份額低於7%，但隨著多款武器亮相航展，進入全球視野，未來中國將有可能在軍貿市場吸引更多目光，因此行業前景仍可以肯定是亮麗的。

比較三大軍工ETF

由於涉及國家機密以及本身固有的技術壁壘，軍工行業企業往往有著天然的護城河，但同時，這個行業的分析覆蓋非常有限，而透明度亦非常低，以指數ETF方式投資最為湊效。現時合資格的國內ETF一共有三隻，分別是國泰軍工ETF（512660）、廣發中證軍工ETF（512680），以及富國中證龍頭軍工ETF（512710）。三間ETF發行商都是國內名列前茅的基金公司，而三隻ETF都大同小異。在此我們可以比較一下。

第一隻512660由國泰基金發行，國泰基金成立於1998年，是「老十家」之一，主要股東為建行及Generali。國泰基金注重穩健投資、長線增值，在國內ETF市場排名第三。512660於2016年上市，是三隻之中最早成立的，現時資產規模為$104億元人民幣，也是三隻之中規模最大的。其追蹤中證軍工指數，並使用完全複製，追蹤誤差為0.94%。

512660的主要持倉公司包括航發動力、中航光電、中航沈飛等主要

殲-11戰斗機在海上編隊飛行
資料來源：http://military.people.com.cn

國防生產商。航發動力的主營業務是航空發動機及其衍生產品、外貿出口轉包業務、非航空產品等，是國內航發總裝唯一上市平台。公司聚焦航發製造主業，近幾年航空發動機及衍生品業務佔比持續提升，收入規模持續穩定增長。作為國內唯一具有全種類軍用航空發動機生產資質的企業，生產能力及生產規模位居行業第一，在航空發動機整機製造行業處於龍頭地位。中航光電主營業務是電連接器、光器件和線纜組件的研製開發、生產和銷售。公司是國內最大的軍用光電連接器製造企業。公司業務將充分受益於下游武器裝備放量、國內新能源汽車市場快速增長、國內5G通信建設的加速。而中航沈飛軍工作為板塊龍頭擔當之一，主營業務是航空產品製造，是著名的殲擊機唯一上市平台，集科研、生產、試驗、試飛為一體的大型現代化飛機製造企業，主要產品包括航空防務裝備和民用航空產品，核心產品為航空防務裝備。作為整個A股市場上唯一的戰鬥機上市公司，是非常有顯著性的軍工核心企業。其餘的持倉公司也都是國防工業的重要生產商，這些公司每年盈利都有複合增長，以

ETF攻守勝訣

中航沈飛為例，2022年4月23日中航沈飛財報顯示全年淨利潤目標完成率達到81.8%。另外，一些國防材料供應商如西部超導等企業均在進行再融資項目，產能尚未完全釋放，業績有望延續高增長。

第二隻ETF是廣發基金發行的512680，它與512660同期發行，但資產規模只有$32億元人民幣，是國泰的三分之一。廣發基金隸屬廣發證券，由廣發銀行創立，總部設於廣州，是大灣區的一線券商。廣發基金迎年積極發展公募基金業務，業務線相當豐富，除了股票、債券、量化、對沖、指數等均有涉獵，而且背景雄厚，投資經驗不亞於其他一線基金公司。512680和512660一樣，都是追蹤中證軍工指數，也都是採用完全複製法。而由於追蹤同一隻指數，因此前十大持倉也幾乎一模一樣，唯獨512680把中航重機（600765）換成了中航電子（600372）。中航電子雖是航空電子龍頭，但股價卻不太爭氣，2016年8月時股價$19左右，現時約$17，PE為90倍；同期中航重機股價則升了2.5倍，而PE只得30倍，加上600765主要生產飛機硬件，預料業務會更快速增長。

中航電子主要生產飛機零件
資料來源：中航航空電子系統股份有限公司 2021 年年報

圖表4.9　512660與512680前十大持倉對比

股票	公司	512660 比重 %	512680 比重 %
600893	航發動力	5.50	5.44
600760	中航沈飛	4.36	4.00
002179	中航光電	4.29	4.07
000733	振華科技	4.23	3.09
601989	中國重工	3.83	4.08
600150	中國船舶	3.73	3.96
000768	中航西飛	3.31	3.37
688122	西部超導	2.63	2.51
600765	中航重機	2.60	—
002625	光啟技術	2.53	2.36
600372	中航電子	—	3.26

最後一隻是富國軍工龍頭ETF，由知名的富國基金於2019年發行，比前兩隻ETF遲了3年。富國基金是「老十家」基金公司之一，成立於1999年。最大股東分別是海通證券及加拿大蒙特利爾銀行（Bank of Montreal, BMO），可算是中外合資。其投資以長線增值為本，特別擅長於量化指數增強策略。雖然富國在國內ETF市場不算頂班，但其業務國際化比其他一線基金公司更好，不少海外主權基金、養老金都會聘請富國作為A股的投資顧問，主因是其外資背景以及穩健的投資作風。富國香港所管理的中國中小盤股票基金亦廣

為人知，深受海外投資者歡迎。

凌厲 Alpha 足以彌補風險

而512710這隻ETF比較特別，它追蹤中證軍工龍頭指數，與普通的軍工指數最大差別在於權重的分佈，以及某些選股。中證軍工龍頭指數從滬深市場中選取業務涉及軍工產品和服務的30隻上市公司證券作為指數樣本，以反映軍工領域龍頭上市公司證券的整體表現。指數只有29隻成份股，比普通軍工指數的73隻少很多，編制方式是選取業務涉及軍工產品和服務的企業，與普通指數所選取主營業務與軍工行業相關有所不同，可以說更廣闊一些，但整體上對國內軍工行業的代表性不減。該ETF現時資產規模超過$40億元人民幣。

海康威視武漢智慧產業園主要生產製造快球攝像機、IT 產品、傳顯設備等產品，
助力湖北省、武漢市智能物聯網相關產業發展。
資料來源：www.hikvision.com

股票	公司	2022/Q4 比重 %	2021/Q1 比重 %
002415	海康威視	—	13.53
600893	航發動力	9.4	7.98
002179	中航光電	7.66	6.12
600760	中航沈飛	7.66	4.48
000733	振華科技	6.91	3.23
000768	中航西飛	5.88	5.52
688122	西部超導	5.13	—
600765	中航重機	4.58	—
300699	光威復材	3.75	—
002013	中航機電	3.23	3.11
600862	中航高科	3.11	—
000066	中國長城	—	4.29
000547	航天發展	—	3.9
002414	高德紅外	—	3.75

雖然512710的十大持倉大致與另外兩隻ETF相仿，但權重的分佈更偏向龍頭企業，例如航發動力、中航光電等比重都高於前兩隻ETF。此外，512710加配了一些指數以外的航天行業相關公司，最顯著的便是海康威視。國內軍工推行「軍轉民」，即軍事用途的設施可供民用，以擴大行業的服務對象，海康威視便是其中受益企業。海康威視是內地知名的視覺科技研發公司，其攝像頭遠銷海外，業

績增值強勁,股價由2016年的$13水平升至2021年最高近$70。512710由2019年上市開始就加入海康威視,而最高峰時一度重倉13.5%,成為ETF的最大持倉。富國獨具慧眼,於2021年第二季開始把海康威視清倉,而此時海康威視從正正歷史高位回落,這筆交易為512710帶來強勁超額收益。同時512710的追蹤誤差只有0.5%左右,冠絕同類型產品。

如果從收益角度來看,512710自上市以來三年總回報超過40%之多,相比512680上市7年約14%總回報,而512660更只有10%,富國軍工ETF的超額收益更加凌厲。雖然選擇ETF並非為追求alpha,但軍工行業相對其他行業比較另類,承受的風險很也不一樣;軍工業會直接受國際政治形式這類不可抗力的因素影響,超額回報正好可以彌補在風險上的暴露。所以結論是,軍工主題我們首選富國軍工龍頭ETF。

4.3
凡先處戰地而待敵者佚：優質港股主題 ETF

大家都知道港股的 ETF 市場，在規模及 ETF 種類上都遠不及中美，但在某些版塊中，A 股的 ETF 選擇反而有限；又或者自己對 A 股認識不多，認為投資港股會較為安心的話，又何妨近水樓台先得月，在港股 ETF 中尋寶。雖然港股 ETF 的選擇未必太多，但有時貴精不貴多，只要選對主題，不難一舉命中優質 ETF，以下的白酒 ETF 便是一例。

為何會選擇白酒主題？因為白酒行業是中國酒類市場的主要分支，亦是支持內需的重要部份，全世界或許只有國內有這樣一個板塊。這個版塊的獨特性與潛力，就讓我們從不同層面逐一切入分析。

政策、大環境、消費者需求多管齊推

白酒行業的基本面是與大消費環境息息相關的。在過去疫情持續的一段時間，商業活動停滯，白酒行業大受打擊，令到庫存量提高，

價格下調，股價不振。以茅台為例，2020年疫情初來時，人人在家工作，個個炒股為樂，茅台股價也因之而翻了1.5倍；但當疫情變成長期困擾時，茅台股價由2021年初的$2,500元跌至2023年的$1,700元。其他酒類如五糧液等亦同一命運。

而消費者需求是白酒行業的重要驅動力。隨著消費者收入水平提高和消費觀念改變，白酒消費市場的需求也在不斷優化。自疫情的陰霾慢慢消淡，商務活動逐漸活躍，促進白酒需求增加，呈現「淡季不淡」，酒企去庫存化陸續開始，白酒的價格亦受到支持，整個白酒版塊當前估值性價比較高。而預計價格有望逐步回歸，酒企紛紛開始執行新的價格策略。預計2024年春季糖酒會反應熱烈，參與酒企、經銷商較前兩年明顯增加。反映經銷商對行業未來發展以及新品的信心明顯提升，而酒廠則更加樂觀地認為在行業復甦前期將持續發展。展望2024年餘下的季度，在基數低的情況下，尤其龍頭酒企能交出亮麗的成績表。

當然，除了需求推動之外，白酒行業也受成本與競爭影響。白酒行業存在著激烈的競爭。不同品牌的競爭、地區性品牌與全國品牌的競爭、高端與中低端品牌的競爭等都會對行業產生影響。同時，原材料的價格波動亦會對酒企的生產成本和產品價格產生波動。國內原材料的價格波動受到多種因素的影響，包括產量、市場需求、天氣等。企業需要密切關注市場動態，及時調整生產和銷售策略，以應對價格波動帶來的風險和挑戰。白酒生產的原材料主要是高粱、小麥、玉米等。國內高粱價格一向維持穩定，但自2022年初以來，

白酒生產的原材料主要是高粱、小麥、玉米等，
但自 2022 年初以來，高粱價格逐漸上升。

高粱價格逐漸上升，原因與高粱產量減少以及市場需求增加有關。而小麥也因天氣不穩定導致產量減少，近年國內小麥價格亦呈現上升趨勢，但進口增加可以作為緩衝。對於一般投資者而言，挑選龍頭企業會比較穩妥，因為龍頭企業有更好的成本控制以及商品對沖。

最後不得不提政策，政策是影響內地白酒行業的重要因素之一。政府的宏觀經濟政策、對酒類稅收政策、市場准入政策等都會影響酒企的表現。中國政府一直積極支持食品行業的發展，包括白酒行業，為酒企提供更好的發展環境和市場機遇。政府通過引導消費、提高國產產品比重等政策，鼓勵消費者購買國產白酒，提高國內白酒市場份額；亦會通過資金補貼和技術支持等方式，扶持白酒行業的發展，促進產業升級和轉型升級，提高企業的技術水平和產品質量。除此之外，政府也為白酒企業提供一系列稅收優惠，例如對小

型酒廠實行減半徵收酒類消費稅等政策，這有助於提高企業的生產效益和市場競爭力。同時政府對酒業的監管和規範尤其是產品質量和安全的監管上亦加大力度，保障了消費者權益也提高了行業整體形象。近年ESG盛行，政府對環境保護政策的實施如排放標準、水質保護等均有新的準則，為白酒行業長線發展提供可持續性。

獨一無二的港股白酒ETF

再重溫一次：定好投資方向，在選擇相關的ETF時，要分析的領域包括上市地點、管理費、追踪誤差、資產規模、流動性等。此外，也要研究ETF的持股組合是否能反映所選主題的特點。

套用在白酒主題，A股雖也有白酒ETF，卻沒有被納入互聯互通，吸引力大打折扣。反觀香港及中國境外的白酒ETF只得一隻，卻因其質量與獨特性輕易跑出，那就是易方達中證白酒指數ETF（3189）。易方達成立於2001年，總部位於廣州，是國內最早成立的基金公司之一，為「老十家」其中一員。其資產管理規模超過$2.7萬億元，在國內基金業排名第一。客戶包括個人投資者及社保基金、企業年金和職業年金、銀行、保險公司、境外央行及養老金、再保險等機構投資者。易方達善長股票主動管理投資，且在國內近年騰飛的ETF市場排名第二，僅次於華夏基金。易方達香港於2008年成立，亦是首批來香港成立的國內基金公司。其在香港知名的產品除ETF外，還有貨幣市場基金。

3189於2023年2月份在港上市，追蹤的是中證指數公司構造的中證白酒指數。該指數是以淨收益及自由流通市值加權來計算，旨在量度中國內地白酒業的表現。指數的成份股均從中證全指指數的範圍中按市值挑選，包括在上海證券交易所或深圳證券交易所上市的紅籌股公司（ST股及*ST股以及上市時間不足三個月的股票除外），然後當中不多於50隻中國白酒生產業的股票將獲選為指數成份股。指數於6月及12月每半年進行一次調整及重整，指數成份股於重整的權重上限為15%。

圖表4.11　　3189十大持倉

股票	公司	比重 %
000568	窖瀘州老窖	16.48%
000858	五糧液	14.67%
600519	貴州茅台	14.60%
600809	山西汾酒	13.00%
002304	洋河股份	10.26%
000596	古井貢酒 5.09%	—
600702	捨得酒業 4.76%	—
603369	今世緣 4.16%	—
000799	酒鬼酒 3.08%	—
600559	老白乾酒	2.88%
—	其他	11.02%

而3189則是以代表性抽樣策略，挑選出18隻與指數有高度相關性的成份股作為ETF持倉。前五大持倉瀘州老窖、五糧液、茅台、汾酒、及洋河佔了近60%。這五家酒企屬於國內酒業五大領頭羊，無論品牌或是銷量都是排在前五,五家酒企的收入已佔了整個版塊的40%，3189可以說是已經囊括了整個白酒版塊的表現。但由於3187成立少於1年，其浮動經常性開支以及追蹤誤差等尚未能有足夠數據落實，但基於產品有絕對的獨特性，加上此前所說白酒的長期效能，通過它獲取白酒業的表現不失為一個好選擇。

4.4
知彼知己，百戰不殆：聰明的因子ETF

之前數個章節分別了講述不同市場中的主題ETF，但別忘了我們還有另一批正軍——因子ETF。之前已簡略提過因子ETF中的因子類型，至於甚麼時候要選擇甚麼因子，選擇得是否正確將直接影響投資成敗。

先與大家簡單重溫一下，因子投資法的原理是將股票收益率的因素分解，再利用這些因素來解釋股票收益率的變化。因子投資的目標是尋找能夠預測股票收益率的因子，並利用這些因子來構建投資組合以實現超額收益。這些因子包括市場狀況、風險暴露、公司價值、股票紅利等。

圖表 4.12 每個因子都包含不同的指標

估值指標

盈利能力

成長性

規模

盈利指標

淨資產回報率
由淨利潤除以淨資產所得，是衡量上市公司業務是否賺錢的最重要指標。淨資產回報率和股票收益長期成正比。

總資產回報率
由淨利潤除總資產所得，是衡量上市公司業務是否賺錢的最重要指標。總資產回報率和股票收益長期成正比。

淨利潤率
由營運所得的淨利潤佔營業收入的百分比，公司的淨利潤愈高，表示愈容易擁有穩定且雄厚的現金流。

現金利潤
當下已收到的利潤，反映公司的盈利能力，現金利潤愈高，代表盈利能力愈強。

毛利率
由銷售收入扣除直接成本後的利潤部分，直接成本不包括企業的管理及財務費用等。

盈利率
營收轉化為毛利潤的比例，是衡量產品的市場議價能力和需求度的重要指標。

估值指標

市淨率
由股價除以年度每股盈餘（earnings per share）所得，評估股價水平是否合理的指標。

市盈率
由股價除以每股淨資產而得，是最常用來評估股價水平是否合理的指標之一。

營業收入
主營業務加上其他業務的總收入。

營業利潤率
代表企業通過生產經營獲得利潤的能力，營業利潤率愈高，說明企業的盈利能力愈強。

近年越來越多ETF開始利用因子來構建底層組合，成為聰明貝塔ETF（smart beta ETF）。其優點在於它可以幫助準確歸納一個時段內各股票所受影響的因素，找到預期收益較高的股票。因子投資模型需要大量的數據和計算，對投資者的技術能力和資源要求較高，所以聰明貝塔ETF便慢慢成為體現因子投資的最佳工具。

單、雙因子Smart Beta

市場上的smart beta ETF很多，用單因子、雙因子或多因子的都有。先說單因子，即是只用一種因子來作為篩選股票的條件。不少大家耳熟能詳的ETF其實都是用了單因子，例如領航標普500成長ETF（VUG），就是在500隻大盤內選出屬於高增長的行業或業務的股票，這些公司能提供巨大的利潤潛力，因為它們仍處於生命週期的早期階段，但反過來也提高了與該資產類別相關的風險水平。隨著公司將收益再投資，成長型股票也可能吸引那些尋求資本增值而不是股息收入的人。又例如景順標普500質量ETF（SPHQ），就是以標準普爾500成分股為基礎，選取收益和股息呈長期穩定增長的企業。從表現上來看，兩隻單因子ETF均比傳統標普500ETF（SPY）好，尤其是VUG，自2018年起美國公司強勁增長，增長因子帶動回報表現特別明顯。

圖表4.13　單因子ETF VUG和SPHQ與傳統SPY的表現對比

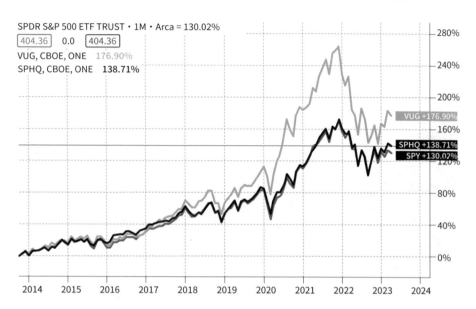

至於雙因子的投資策略，是利用資產回報率和相對強度進行投資決策，在某一個市場或板塊選定兩個因子，並將它們結合。由於市場型態經常變化，雙因子會比單因子覆蓋到更多市場動態，以期達至更好回報。其構建方法比單因子更加複雜，因為需要在兩個因子之間平衡，先要確定可選的因子，再收集相應的因子數據並處理，例如計算收益率的平均值和標準差，計算因子的相對強度等，然後利用統計方法（例如線性回歸）構建模型，將因子作為自變量，收益率作為因變量，以得出模型的參數。評估過模型的有效性後，就用模型得出的因子權重和相對強度進行投資決策。

雙因子ETF旨在減少風險並提高回報，如果因子選擇得當且權重平衡，它可以比傳統ETF具有更好的風險調整回報（risk adjusted return）。同時，雙因子ETF的風險取決於所選的因子以及它們的權重，如果選擇的因子有高度相關性，那麼雙因子的作用就會大幅降低，反而ETF的風險就可能會比傳統ETF更高。此外，如果選擇的因子的表現不佳，就代表因子失效，很可能跑輸大市。

不同因子在不同市場的成效亦會不同。以紅利因子為例，它在港股市場的表現明顯比美股市場優秀得多。GX恒指高息ETF（3110）的回報持續跑贏盈富基金；但另一邊標普500高息ETF（SDY）卻一直跑輸同為道富所管理的SPY。

圖表4.14　恒指高息ETF與傳統恒指ETF表現對比

TRACKER FUND OF HONG KONG (TRAHK) ETF UNITS HKD · 1M · HKEX = 14.00%

20.06　0.02　20.08

3110, HKEX　13.69%

3110 +13.69%

2800 -14.00%

圖表4.15　標普500高息ETF與傳統標普500ETF表現對比

SPDR S&P 500 ETF TRUST · 1M · Arca = 183.94%

404.36　0.00　404.36

SDY, CBOE ONE　109.54%

SPY +183.94%

SDY +109.54%

雙因子ETF景順標普500低波動高股息ETF（SPHD），是用兩個因子從500隻大盤中提煉出50隻股票，在低波動率的股票中揀選派息股票。然而我們對比一下低波高息雙因子ETF與單因子低波ETF（SPLV）或高息（SPYD）的表現，會發現在2016-2018年的慢牛市況中，SPHD的表現一直較優勝，而在2020年大跌市後，市況大上大落，其表現就不及單一低波動因子。

圖表4.16　標普500雙因子與單因子的對比

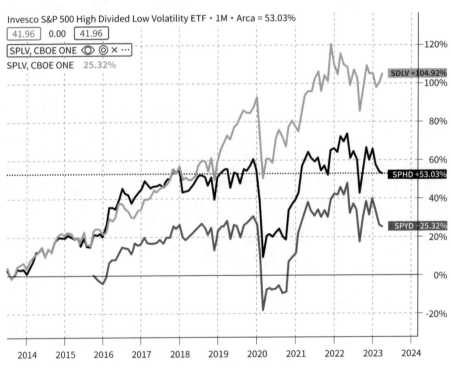

ETF攻守勝訣

不同市況中的因子循環

因子的有效性其實是循環的，在甚麼市場環境下哪些因子會比較有效，從過往的股市歷史大事件中多少可以發現端倪。例如2000年科網爆破，當年科網爆破前，歐美及亞洲的科網股瘋狂上升，外資不斷湧入。直到1999至2000年間，聯儲局6次加息，資金成本上漲，經濟開始下滑，最終導致股市泡沫爆破。在此期間，傳統股票ETF如IVV等均跌超過30%以上，而且大盤跌幅遠遠大於中小盤；同時，大眾盲目高追科技股，其價值被嚴重高估，因此價值因子ETF暴跌，跌幅亦超過成長因子ETF。其他相對有抗跌力的ETF包括高品質的SPHQ（質量因子）、高股息的SDY（紅利因子）、低波動的SPLV波動因子）等主要投資於有實業的公司，對科網股的配置偏低，從而受到的影響亦有限。

又例如科網爆破後，全球股市跌入深淵，2003年才開始修復，由低位反彈，出現了4年的牛市。至2007年底，美國出現次按風暴，信貸違約引發一連串連鎖效應，重創全球信貸結構，令金融市場大幅震盪。由於波動率大幅飆升，投資者信心崩潰，股票被瘋狂拋售，大中小盤無一倖免，引發2008年全球金融海嘯。當中傳統的ETF

如 IVV、IWR、IWM 等跌幅都達 50%；眾多因子一時間全部失效，唯獨選取低波動股票的 SPLV 跌幅維持近 30% 水平，較所有其他 ETF 優勝 20%。

選擇 Smart Beta 的三大準則

既然任何因子都並非永久固定有效，而市場上的 smart beta ETF 又五花八門，應該如何選擇？其實大家可以根據以下三大準則來挑選 smart beta ETF：投資喜好、投資目標、表現對比。

首先，大家可以根據自己的投資喜好來選定因子。譬如較為著重股息收入，可以揀選紅利因子 ETF；相信價值投資，就可以專門留意價值因子 ETF。選定因子後，下一步是上網查閱在某個市場中的相關 ETF 選擇。例如選擇了價值因子 ETF，就想投資美市，就要找出

美市中有甚麼價值因子ETF產品。如何比較這些ETF呢？了解ETF的編制方式十分重要，至少要知道該ETF如何選底層股票，以及底層股票的主要持倉有哪些。Smart beta指數的編制通常會用市值加權（Market cap weighted）的母指數作基礎，注入因子而衍生出因子指數，再根據因子的定法則來制定權重。每家指數公司的編制方式都略有不同，所以即使是同一因子指數，不同指數公司的產品會有不同表現，當中沒有一定的好壞之分，但要根據自己的風險承受能力來選取適合自己的產品。大家要記著，投資一定要做功課，基本的資料搜集是不能忽略的！有些事其實不難，只在於你是否願意花時間去做，總不能對自己真金白銀投資的產品一無所知吧！

第二個準則是投資目標。選擇smart beta不外乎為了增加回報，或是為了控制風險，由於smart beta是指數化管理，所有規則都以量化技術呈現，指數公司會依照規則進行回測（backtesting），通過回測結果便可了解不同風格的ETF產品在不同市況下的表現。例如之前所說，中小盤股在牛市時會較為強勢，而在市場疲弱時，低波動ETF會比較優勝，大家便可以按照自身期望，評估個人需要選擇合適的smart beta ETF。

以最大回撤和夏普比例衡量回報

最後是表現對比，留意表現不僅僅是指投資回報，因為投資講求風險回報概況（Risk Return Profile），回報只佔其中一半，所以不能

光看回報來斷定一項投資是否適合自己。舉個簡單例子，例如你手持$100萬元本金，最多只願意接受10%虧損，那麼即使一隻ETF產品的潛在回報是100%，但同時潛在損失是50%的話，仍是不適合你。評估Smart beta的表現除了看實際回報外，另有兩個指標可作參考，分別是最大回撤（Maximum drawdown）和夏普比例（sharpe ratio）。

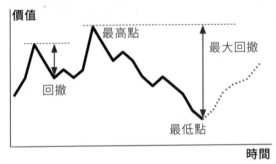

最大回撤（Maximum drawdown）

最大回撤（Maximum drawdown）是指某一投資組合或資產在特定時間內，從最高點下跌到最低點的最大幅度。換句話說，最大回撤是投資組合或資產在過去某一時間段內最大的可能損失，通常以百分比形式表示。最大回撤是評估一個投資組合風險程度的重要指標，因為它可以幫助投資者了解最壞的預期情況。其計算方式是通過觀察投資組合或資產的歷史價格，確定最高價值後的最低價值，即回撤期間內的最低價值，將最高價值減去最低價值，便得到最大回撤數值，再除以最高價值，得到最大回撤百分比。舉個例子，某

產品的最高價格是$100元，之後跌至最低位$50元，回撤幅度為$50元，最大回撤比例就是 $50/$100×100% = 50%。其實所有 Smart beta ETF、主動管理基金、ETF投資組合都會披露最大回撤作參考，投資者不應該忽視。

夏普比率（Sharpe ratio）

$$S_p = \frac{\overline{r}_p - \overline{r}_f}{\sigma_p}$$

夏普比率（Sharpe ratio）則是衡量投資組合回報率與風險之間關係的指標，由財務學家威廉·夏普（William Sharpe）開發。該指標用於評估投資組合的風險調整回報（Risk Adjusted Return），是投資組合年化超額回報與年化波動率之比率。夏普比率越高，代表該資產的風險調整報酬越好，即考慮風險後所獲得的回報越多。夏普比率通常用來比較不同投資組合之間的風險調整表現，以幫助投資者在不同投資組合之間做出選擇。

AI演算 × 多因子輪動，令beta更smart

Smart beta 雖然smart，但如果選錯因子組合，或在不同市況中選錯因子隨時跑輸大市，令 Smart beta反而不smart。那麼如何可

以更smart？在這個AI年代，科學算法有助磨平障礙。想增加因子的有效性，同時選用多種因子未必能解決問題，因為始終因子都是靜止的（static），而市況卻會不停變化。多因子輪動模型（Multi Factor Roatation）的出現，就是想令因子與市場變化更有效磨合。

理論上，每隻股票都有獨特的屬性，其受影響的因素便是因子。這些因子在不斷變化的市場條件下，與未來的回報有著不同程度的相關性，但由於現在市場變化的週期越來越短，即是因子的有效時間也隨之縮短。想完全捕捉並緊貼市況變化，但靠一兩個固定因子恐怕未必足夠，於是便出現了「量化投資」，以大數據分析集成多個因子（數十甚至數百），再構建於特定市場的投資模型，跟隨市場變化的節奏來配以適合當下的因子，以判斷股票的買入和賣出。

這種模型基於計算歷史數值來預期當下的回報表現，需求龐大的運算力，一般都要靠機器智能學習（Machine Learning）來實現。由於所使用的因子不斷跟隨市場變化而輪替，這種策略便謂之多因子輪動策略。目前以AQUMON的中國多因子模型最廣為人知。

ETF 攻守勝訣

AQUMON 多因子輪動模型

圖表4.17 AQUMON 多因子A股投資流程

01 AI-Marco 自上而下分析

- 宏觀分析：國內生產總值、消費物價指數、生產物價指數、貨幣供應量、利率、匯率
- 不同經濟周期的現狀預測
- 國家分析：發達市場（美國、英國、日本），新興市場（中國、印尼）

02 多因子股票選擇

- 合成因子池：利用統計技術設計和選擇有效的因子，然後通過因子評分選擇排名靠前的股票
- 機器學習模型：利用已知的輸入和輸出數據訓練模型，以便能預測未來的輸出結果

03 動態投資組合建模

- 應用多種因子構建高度集中的投資組合
- 應用子策略捕捉市場事件和動向帶來的 alpha 收益
- 基於投資組合漂移閾值和市場狀況進行再平衡

04 強健風險框架

- 全面考慮流動風險和市場風險
- 通過控制訂單的速率和數量來解決執行優化問題
- 在 1,000 多個交易中保持零錯誤

AQUMON 的多因子理論指出，股票市場是動態的，時常會出現無效狀態，當股價短期內被高估或低估，便是alpha出現的時候。此時納入具學術理論驗證和投資實踐認可的長期超額收益因子，再利用合成因子減弱或消除因子間的共線性（或重疊性），便更容易發現有投資意義的因子。最後由機器學習模型進行有效的因子動態切換，保證模型與市場中的持續生命力。

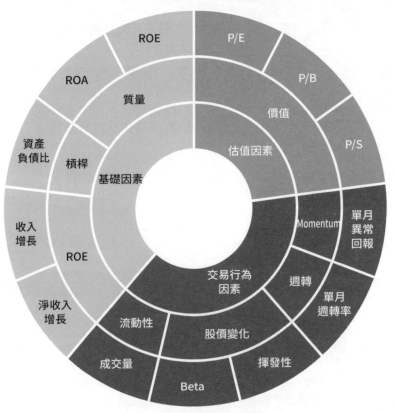

圖表4.18　AQUMON多因子模型中存在的因子

多因子輪動的最佳效用是發揮在非理性的股票市場，例如A股、印尼股市等。中國A股的有效因子大多是非靜態的，隨著市場宏觀經濟的不斷演變，歷史上被證明的靜態因子可能會隨時失去效力，因此AQUMON把A股倒入模型中嘗試運行，並於2018年成功研發出A股多因子輪動策略（ACAS）。

圖表4.20　市場上一些多因子模型對主要因子的覆蓋

	AQUMON 多因子模型	財新基石 指數	財新新動能 指數	上證180動 量指數	標普500 低波動指數	羅素1000 價值指數
規模因子	✔	✔	✔			
財務狀況 因子	✔	✔	✔			
成長性因子	✔		✔			
波動性因子	✔	✔			✔	
流動性因子	✔	✔	✔			
換手率因子	✔	✔	✔			
估值因子	✔					✔
動量因子	✔			✔		
槓桿因子	✔					
行業因子	✔		✔			

A股市場因子可能數年轉一次，亦有可能更短。AQUMON 投資組合的算法由預測預期收益最高的前50隻股票組成，在以下兩個回測時段中，2014年12月 AQUMON 預測的有效因子為成長因子、換手率因子、流動性因子；到了2017年2月，AQUMON 預測的有效因子已變為動量因子、規模因子、流動性因子；共預期行業回報亦有所不同。

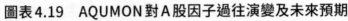

圖表4.19　AQUMON對A股因子過往演變及未來預期

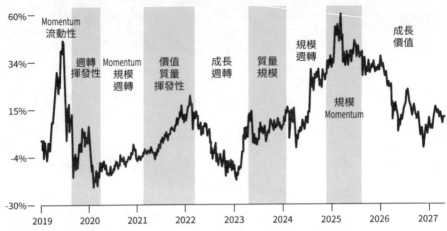

圖表4.21　2014年AQUMON以因子所得出的行業及選股

行業	回報中位數	AQUMON 精選股票及收益	
可選消費	3.52%	8.08% (600213.SH)	7.28% (600287.SH)
必須消費	3.10%	11.20% (002567.SZ)	8.91% (000411.SZ)
能源	4.68%	20.67% (000159.SZ)	4.48% (600792.SH)
信息技術	3.46%	15.02% (000066.SZ)	5.33% (000063.SZ)
原材料	4.19%	10.82% (600308.SZ)	4.64% (600810.SH)
房地產	3.15%	5.79% (000537.SZ)	4.77% (600791.SH)

隨著人工智能的技術發展，以及硬件升級提升運算力，是否會出現愈來愈多的多因子策略模型？就讓我們拭目以待！

亞洲ETF未必較美股遜色

最後提提大家，雖然美股中很多ETF大家都非常熟悉，但其實亞洲市場中亦有不少優質因子ETF。先說台灣，台灣最大的ETF發行商元大投信早於2007就發行台灣市場上第一隻因子ETF，那就是赫赫有名的元大高息股ETF（0056），現已為台灣三大ETF之一。自此台灣smart beta ETF發展迅速，連退休金也開始把smart beta ETF納入投資組合。

A股市場則更早發展因子投資，華泰柏瑞於2006就已經發行了全國首隻紅利ETF（510880），此後發行商爭相研究並發行smart beta ETF，至今A股市場仍是是亞洲地區中smart beta 產品型態最多的。可是自2018年開始，smart beta在國內的發展開始減緩，其中一個原因是因子策略過於集中在紅利上，佔全部smart beta ETF四成。其次是銷售模式，由於早年國內並未設置專屬的ETF銷售功能，加上對smart beta的客戶群未有仔細的分析及對標，致使ETF規模和產品數目逐漸走平，反而近年國內主動ETF的發展卻相當不錯。

至於香港的第一隻smart beta ETF，是2009年由盛寶發行的價值中國ETF（已於2020年退市）。此後香港每年都有smart beta ETF推出市場，大部分都是以紅利為主題。時至今日，本港最具名聲的smart beta ETF發行商當數Premia Partners（睿亞資產），PP於2017年發行了一對中國A股smart beta ETF（2803、3173），旨在以多因子模型捕捉A瞬股息萬變的市況，可謂一時佳話。

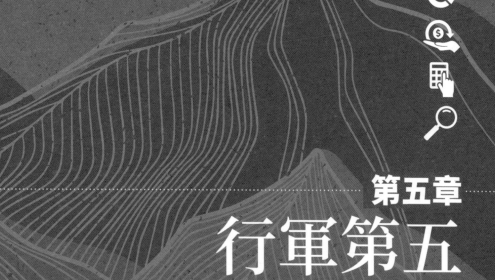

第五章
行軍第五

凡處軍相敵，絕山依谷，視生處高，
戰隆無登，此處山之軍也。

——《孫子兵法・行軍》

5.1
合之以文，齊之以武：
以NAV分清抵買ETF

上一章集中講述如何挑選ETF，但選好產品，如何買卻是一大學問，買錯價位隨時令你由賺變蝕。買賣的交易操作，就如古時行軍，要算準時機，看清敵方動作，再一舉出擊，勝算當然大大提高。

ETF的 Fair Value

先澄清一點，ETF沒有「食價」這回事，其價值以NAV作準，只要知道ETF的價值，自然知道如何部署買賣。

ETF的fair value是指該ETF在市場上的正常交易價格，該價格通常應該與該ETF所持有的資產淨值（NAV）相等。NAV是該ETF所有持有資產的總價值減去所有負債的總價值，然後將該值除以ETF的總股數。如果一隻ETF的fair value等於其NAV，那麼它的市場價格就會被認為是合理的。但由於投資者對ETF未來表現的預期，以及市場需求都會影響ETF的價格。所以在實際情況下，極少會出現ETF

價格與淨值完全一樣的理想狀態,一般兩者相差0.1%以下,已經會被認為是 trade at fair value。當兩者的差別擴大,便會出現溢價和折價。

ETF的價格貼近NAV當然是最理想的情況,但市場總會有供過於求或求過於供的情況,即使有造市商去維持兩者的差距,但ETF的交易價格仍可能高於或低於其NAV。造市商即是在市場上提供買賣報價、出貨及接貨的經紀人或機構。造市商其實無處不在,除了ETF,期貨、期權、渦輪、牛熊證、外匯等金融產品都有造市商參與,但ETF造市商的本質卻有點特別。ETF造市商的主要作用是為市場上的各ETF提供足夠的流動性,意思即是務求做到有人想買時就能買入,有人想賣時就能賣出;為市場造就一個規範化的買賣環境,並確保ETF的市場價格與其淨值之間的價格差距(或稱為溢價／折價)不會過大,即保持ETF大部分時間處於接近fair value的水平,減低套利機會。

造市商的角色

某些交投特別活躍的ETF，成交中可能包括不少散戶對散戶的成交對，但一般而言，造市商對交投量有著舉足輕重的意義。造市商每日在各ETF的買賣間遊走，就算你在報價機上看到買盤和賣盤的牌頭均為散戶經紀行，到真正成交的一刻，往往都有造市商出手。

ETF造市商每日最基本的工作是提供報價，即是在交易所上提供買入和賣出報價，與其他金融產品不同，ETF的報價主要根據ETF的NAV和市場需求調整，而不同的造市商也會根據其風險偏好、對沖成效等決定價差。

ETF攻守勝訣

以華夏恒生香港生物科技指數 ETF（3069）為例，假設 3069 當日的淨值是 $6.932 元，最後成交價為 $6.9 元，而造市商普遍覺得市況不明朗導致沽壓，擺價就會相對保守，假如將買賣價定在 $6.86／$6.9 元水平，價差約 0.6%，即是 ETF 會出現 0.5% 左右折讓。

買賣價差水平會隨著市況上落，以及買盤賣盤的變化而調整，同時造市商也會保持不斷買入和賣出 ETF，當投資者想買入或賣出 ETF 時，造市商會立即提供相對應的交易對手方，以確保投資者可以獲得他們所需的流動性。如果 ETF 的市場需求不足以支撐其流動性，造市商就可能會自行買入或賣出 ETF，俗稱坐盤，以防止 ETF 的價格過度偏離其 NAV。港交所有條文規定，要求造市商對三個不同類別的 ETF 必須保持持續報價，且價差不能大於特定水平，分別為 0.4%、1%、及 2%。因此 ETF 造市商有責任持續監控，確保 ETF 的市場價格和 NAV 之間的價格差距在合理範圍內。

打個比喻，造市商就好像餐廳的服務員，其責任就是確定廚房所出產的餸菜可以順利及準確地送達每檯客戶，同時保持場內清潔，儘量滿足食客的要求，令食客感覺賓至如歸。有一點造市商的「隱藏功能」大家可能不知道，如果想買某隻 ETF 而等待很久也未成交，可以致電 ETF 發行商，發行商會根據當時的 NAV 分析擺價是否合理，或聯繫造市商詢問價格情況促進成交。當然，如果你執意在大幅低於買盤價處下單，造市商也未必幫到你，只能等運到了。

兩步找出ETF淨值（NAV）

雖然港交所網站會顯示所有在港上市的ETF的基本資料和價格情況，但卻沒有展示淨值（NAV），而香港也沒有像天天基金網這種專門分析國內基金及ETF的資訊平台。但其實只需做多一兩個簡單步驟，登入發行商的官方網站便可以輕鬆取得ETF的淨值資訊。

以Premia MSCI Vietnam ETF（2048）為例，需在Google直接輸入ETF的代碼「2804 ETF」，便可以找到發行商Premia Partners的官網，進入網站後點選「資產淨值」便可。留意淨值分為當日最後淨值（End of Day NAV）和日中淨值（Intraday NAV），前者是前一日的收市淨值，後者是即時更新淨值（按證監會要求每15分鐘更新）。

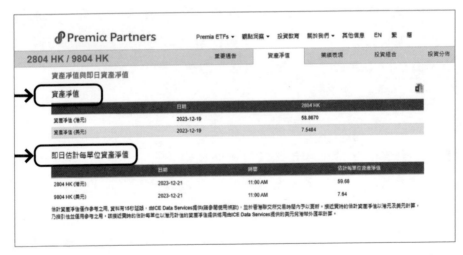

留意淨值分為當日最後淨值（End of Day NAV）和日中淨值（Intraday NAV）

NAV 與 ETF 價格的關係

如果大家留意日中淨值（Intraday NAV），會發現兩種相反的情況。

第一種情況是 ETF 的日內淨值不斷變化，但價格卻不動。這個情況其實十分普遍，原因很簡單，因為沒有人買賣。如何根據 NAV 判斷 ETF 的合理買賣價？舉例來說，我們想買 2804 這隻 ETF，並在官網看到現時的 NAV 為 $60.2061 元，再看看股票網的報價，發現現時買賣價為 $60.1／$60.2 元，雖然價差有五格，但僅僅為 0.16%，仍算合理，而且最頂賣價與淨值相符；若看好越南經濟及股票前景，準備以 $10 萬元資金投資作中長線持有，可以直接以市價單即時交易而不必等待買盤，因為 1,600 多股的差價僅為 $160 元，對於中長線投資來說成本比例並不過份。

但要切記，由於淨值在變，所以 ETF 的市場買賣價會因應淨值變化而改變，即造市商的擺價也可能變化，價格保持不變只是因為未有成交，大家別誤會是造市商在謀求食價。

第二種情況相反，即淨值不變，但 ETF 的價格卻不斷變化。這多數是由於該 ETF 太受歡迎，買賣盤爭持，如果大家想於此時買入或賣出，就必須冷靜對待，反正成交活躍，而淨值變動又不大，可以等一等尋求最佳時機。假設同樣打算用 $10 萬元投資，記得留意盤源厚度，即 $60.2 元的賣盤有多少股，如果股數不足 1,600 股，你就應該聯絡發行商，請它代為要求造市商增加貨源，以免最終變成要追價買入。

圖表5.1 港交所認可造市商

ETF 造市商	造市商 — 一般 ETF	造市商 — 正反向 ETF	特許證券商 — ETF	特許證券商 — 正反向 ETF
Akuna Hong Kong Limited	✔			
雅柏資本管理(香港) 有限公司	✔	✔		
Barclays Bank PLC			✔	
Bluefin HK Ltd	✔	✔		
法國巴黎證券 (亞洲) 有限公司	✔	✔		
招商證券 (香港) 有限公司	✔			
Citadel Securities Arbitrage Trading Limited			✔	
Citigroup Global Markets Asia Limited	✔			
中國國際金融 香港證券有限公司	✔	✔		
中信里昂證券 有限公司	✔			
Eclipse Options (HK) Limited	✔			
Flow Traders Hong Kong Limited	✔	✔		

ETF攻守勝訣

ETF 造市商	造市商 — 一般 ETF	造市商 — 正反向 ETF	特許證券商 — ETF	特許證券商 — 正反向 ETF
海通國際證券 有限公司	✔	✔		
恒生證券 有限公司	✔			
聯合證券 有限公司	✔	✔		
滙豐證券經紀 （亞洲）有限公司	✔			
IMC Asia Pacific Ltd	✔	✔		
盈透證券 香港有限公司	✔			
Jane Street Asia Trading Limited			✔	
Jump Trading Hong Kong Limited	✔			
Jump Trading Pacific Pte. Ltd.			✔	
Korea Investment & Securities Asia Limited	✔	✔		
美林遠東 有限公司	✔			
Mirae Asset Securities Co., Ltd			✔	✔

ETF 造市商	造市商 — 一般 ETF	造市商 — 正反向 ETF	特許證券商 — ETF	特許證券商 — 正反向 ETF
未來資產證券（香港）有限公司	✔			
Optiver Trading Hong Kong Ltd	✔	✔		
輝立証券（香港）有限公司	✔			
輝立証券 私人有限公司			✔	
法國興業證券（香港）有限公司	✔	✔		
滙澤證券 有限公司	✔			
Tower Research Capital (Singapore) Pte. Ltd.			✔	
UTR8 AP Limited			✔	
Virtu Financial Singapore PTE. Ltd.			✔	✔
Vivienne Court Trading Pty. Ltd.			✔	✔
XY Capital Limited			✔	
躍鯤研發有限公司	✔			

ETF 攻守勝訣

ETF的溢價和折價

之前都已經講過，ETF的價格等於NAV這種理想情況，在現實中往往難以實現，即是ETF經常會出現溢價和折價。當ETF的市場價格高於NAV，就稱為溢價；如果ETF的市場價格低於NAV，就稱為折價或折讓。

ETF的溢價和折價多多少少是反映其真實流動性的指標，當溢價或折價太大，就可能存在被套利的風險，因此造市商通常都會適時出手調節。那我們有沒有可能把握這些機會來套利呢？散戶通常難以做到，套利交易商多以對沖基金為主，也有量化投資機構，他們其中的一種策略就是根據ETF的價格與NAV的溢價或折價，配以股票來進行套利。在ETF出現大折讓的時候，交易員會買入ETF份額，然後沽出股票以賺取差價（spread）；相反若果ETF價格被高追，他們便會買入一籃子股票然後沽空ETF。這種策略在國內非常流行，皆因所有國內ETF都可以以實物作申購贖回，而且ETF以T+0交收，提供了極佳的套利環境。

其實套利交易是ETF生態圈中重要的一環，因為能增加ETF市場的活動率，也促進了ETF在二級市場的流動性；但過份套利可能會損害真正投資者的利益，也會使ETF價格長期偏離NAV，所以證監會每日會檢查各ETF的溢價和折價，若發現異常會即時向發行商問話，而港交所訂立的ETF流通量供應商準則中對於溢價和折價的處理也有要求。

「格數」不能反映ETF是否抵買

記得我們在第一章講過ETF的流動性嗎？即使一隻ETF的成交不多，也不代表不能買的。例如剛才提過的PP越南ETF（2804），香港散戶未必有太大興趣，但基於越南的經濟發展速度和潛力，加上資本市場逐漸膨脹，使越南股票深受國際投資者歡迎。因此雖然沒有大量成交，但2804還是能夠體現越南股票的投資價值，因此只要擺價合理，造市商是樂意去進行交易的。所以大家買賣ETF時，最重要是由NAV找出該ETF的公平價值（fair value），然後就能判斷買賣價差是否合理，而不是單從買賣價差的格數來看ETF是否抵買！

越南河內市中心越南國家銀行大樓外景

5.2
以靜制動，以逸待勞：
定投兩招長線增值

雖然憑 NAV 可以判斷 ETF 的合理價格，但在實際交易時，往往會冒出許多枝節影響我們的投資決策，有時甚至是我們自己的人性情緒，導致錯失買賣良機。另一方面，打工一族每日辛勞打拼，有時真的抽不出時間「做功課」；而且市況萬變，無論多用功也有難以貼市的時候。有沒有方法可以不必每分秒監督自己的投資，也能維持穩定的投資回報？《孫子兵法》中有一招 **「以靜制動，以逸待勞」**，如用套用於投資 ETF，就是所謂的定期定額投資法（簡稱定投）。

定時不定額的「定投加強版」

定期定額投資是指針對某隻投資產品，在一段長時間內定時投入一定金額到該投資產品中，該產品可以是股票、基金、ETF 等等。通常投資者會選擇每個月或每季度定期投入一定金額，而不是一次性投入全部資金。

定投策略的原理是以時間來換取空間，有助分散投資風險，因為市場價格會波動，但你每次投入的金額都是一樣的，就可以平均分散市場風險。多久才做一次定投，並不存在最佳答案，因為取決於個人的投資目標、風險承受能力以及市場狀況等。但如果以長線穩健增值為投資目標，那麼理論上不管市況如何，每個月或每季定期定額投資都是一個不錯的選擇，可以避免一次性投入資金時不慎遇著市場高位，亦無需為短期波動改變長期投資決策。這種定時定候投資一隻產品的方式，我們稱為「傳統定投法」。

如果自己對市場趨勢有較高的敏感度，則可以考慮「定投加強版」，以定期不定額的方式進場，定期的重點在於風險管理，而不定額則是滲入了一定程度的擇時，在市況上落時靈活運用資金，例如在市場下跌時集中投入資金，在市場上漲時則暫緩投資。但這需要有一定的市場分析能力，並能夠保持冷靜而不被市場情緒左右，因此不適合沒有相關知識和經驗的投資新手。

實際操作時，可以選某一個指標作為加額的法則，例如定投標普500，當

指數維持於20天線位置便每月投放$3,000元，但當指數回調至50天線水平便加額至每月$5,000元，當指數升穿20天線就減至$2,000元等。

定投A股指數性價比高

定投加強版需要有一定的投資經驗，但除此之外，選用傳統法還是加強版時，其實更應先考慮投資哪一個市場。雖然定投使用平均成本法，可以無懼市況高低入市，但始終能把握市場較低位入市的話，獲利的概率更高。所以，投資前不妨先觀察哪一個市場的估值相對便宜。以2023年年中的市況為例，其時標普500平均PE超過22倍，而A股滬深300的平均PE只得12-13倍，A股的性價比就似乎高一些。其次是宏觀經濟增長趨勢，由於定投偏長線，所投資市場的穩定增長十分重要。中國經濟雖然已脫離高速增長時期，但結構性增長前景仍然優於美國。所以所以從定投的角度，A股指數似乎比美股優勝。即使在2015年最高位5,380點入場滬深300指數，至2023年跌至4,000點左右，定投滬深300 ETF依然有超過9%的回報。歷史數據顯示自2008年起，如果在上證3,000點以下作定投並持有一年，幾乎百分之百可以獲利。

回顧2013年至2023年美股牛市，標普指數累升160%，假設每月定時投放$10,000元買標普500指數，以平均3%無風險利率來算，至2023年3月，總金額會變為$1,945,941元，獲利近1.6倍；但如

果獨具慧眼,將全數本金$120萬於2013年3月31日投入,總額則會變為$274萬,獲利超過2.3倍。但十年都用懶人定投法,省下了大量時間成本,回報率亦是非常不錯的。相反,如果只持有現金,十年前的$120萬到十年後只值$104.5萬!

圖表5.2 標普500指數十年定投現金流

投入日期	指數點	金額
31/3/2013	1569.19	HK$10,000.00
31/3/2014	1872.34	HK$142,227.40
31/3/2015	2067.89	HK$281,358.88
31/3/2016	2059.74	HK$402,005.38
31/3/2017	2362.72	HK$590,529.22
31/3/2018	2640.87	HK$784,020.35
31/3/2020	2584.59	HK$984,889.11
31/3/2021	3972.89	HK$1,653,550.03
31/3/2022	4530.41	HK$2,008,242.93
31/3/2023	4109.31	HK$1,945,941.07

再來看以港股作試驗，由 2018 年 4 月開始每月買入 $10,000 元盈富基金（2800），到 2023 年 3 月 31 日倉位結餘為 $495,110 元；若當時以本金 $60 萬一筆過買入，倉位只剩下 $37 萬，而 2800 五年以來累跌 35%。由此可見，港股市場定額定投在往績來看比較好。

圖表 5.3　盈富基金五年定投現金流

日期	價格	金額
30/9/2018	28.65	HK$57,990.43
31/3/2019	29.4	HK$124,159.31
30/9/2019	26.95	HK$171,582.05
31/3/2020	23.85	HK$206,062.49
30/9/2020	24.28	HK$268,812.60
31/3/2021	28.66	HK$380,257.73
30/9/2021	25.22	HK$389,632.13
31/3/2022	22.28	HK$400,875.82
31/8/2022	20.5	HK$417,105.63
30/9/2022	17.89	HK$374,000.96
31/3/2023	20.58	HK$495,110.00

升級部署——定投搭配資產配置

其實定投也可以作為資產配置組合的一部份。資產配置的詳情，在下一章才與大家講解，但現在可先看看定投搭配資產配資的成效。以AQUMON的真實ETF組合為例，根據穩健型和進取型兩種組合，以一年為期，每月投入$1,000美元；可以看到，定期定額投入穩健型組合的全期回報有6.74%，但如果在2022年4月作一筆過投入，回報只有1.11%；另外雖然股票市場動盪，引致進取型組合回報不及穩健型，但定期定額仍然有5.17%總回報，若一筆過投入進取型則僅僅平手。

圖表5.4　AQUMON兩個投資組合定投與直投的回報對比

	穩健型	回報%	進取型	回報%	4/27/2022 至 4/27/2023	
定期定額	US$13,876.61	6.74	US$13,671.94	5.17	每月投入（美元）	1,000
全額直投	US$13,143.91	1.11	US$12,999.76	-0.02	全額金額（美元）	13,000
超額收益		5.57		5.17	月數	13

五大定投原則鎖住回報

雖然ETF定投看似簡單，但其實也需要把握幾個原則，才能達到最穩定回報。

第一， 切記別以定量作投入。無論是傳統法還是加強版都要儘量做到以定額資金投入，而非以既定股數作計算，因為以資金計算的話，在跌市可以買入更多份額，達到低位累積更多籌碼的目標。

第二， 切記要低買高賣。當市場續跌時慢慢加倉，續升時卻要減倉，避免總是賺了些微即離場，越跌卻越守。

第三， 切忌頻繁換倉。沒有人有水晶球可以準確預知最高位或最低位，定投的目的是把投資資金平均化，頻繁更換目標ETF會造成反覆買賣，不僅捕捉不到回報，還要承擔交易成本。

第四， 第四是設好止賺位。定投要根據自身風險偏好設定好離場位置，比如在帳戶的浮動盈利到達目標時平倉退出，又或者當某個技術指標出現便退出。總之跌市時不要恐慌，升市時不要貪婪。

第五， 最後一點也是最難應付的，就是切記要堅持。方今世界資訊氾濫，看股看市眾說紛紜，同一件事往往出現多種分析，特別是在熊市、橫行、累跌的時候，過份收集意見很容易會做出不理性的決定，例如忍不了手斬倉，又或者停止月供等，都可能會錯過潛在的機遇，把一直的努力付諸一炬，違背了定投的原理。

有利和不利定投的ETF

最後提醒一句，並不是所有ETF都適合用作定投，對於定投的模式來說，股票型ETF比較合適。如果時間點相對偏長，則可以選寬基ETF，例如追蹤A股滬深300指數的3188，或者通過ETF通定投上證50的510050；如果時間點相對短就可以選擇行業ETF，如前文提到的3189。選擇行業ETF的話，一方面要關注行業是否具短期有利好因素，例如消費力等；另一方面要關注有沒有可能挖掘一些低

估值的指數的ETF，以放大潛在回報。

另外，也有些ETF不太適合作定投，譬如概念類的ETF，因為概念未必存在長期增長效應，也沒有基本面可供分析。另外，**正反向ETF是絕對不適合定投，因為其複合效應會扭曲累積回報，以致得不償失。**而債券ETF也不適宜用作定投，因為利率走勢浮動。

159

第六章
九變第六

故將通於九變之利者，知用兵矣；
將不通於九變之利，
雖知地形，不能得地之利矣。

——《孫子兵法·九變》

6.1
智者之慮，必雜於利害：
王道資產配置法

來到本書的最後一章，如果是不太熟悉古代兵書的讀者，可能對本章的主題有點迷茫，何謂「九變」？其實「九變」的「九」就是千變萬化的意思，就好像投資世界般，《孫子兵法》指如果不能在萬變的戰場中因地制宜，配合實際需要而用兵，則一切都是空談。這個理念，應用在投資世界亦貼切不過！當你讀完本書，學到再多的ETF投資理論與技巧，如果不能因應市況使用並獲利，那書的內容對你又有甚麼意義呢？但要列舉所有市場上的可能性，再一一寫出對應策略，需要多少篇幅才能做到？因此，我在本書的最後，將會教大家一套以ETF為核心的動態資產配置方法，讓大家可以在任何市況下保持財富增值。

集合50年智慧的投資策略

《孫子兵法》有云：「是故智者之慮，必雜於利害，雜於利而務可信

也,雜於害而患可解也。」精於佈陣者,必須將事實的利與害同時考慮,在投資角度而言,就是平衡風險與回報了。這套動態ETF資產配置方法吸收了過去50年的理論演化成果,可追溯到諾貝爾經濟學獎得主Samuelson和Merton在上世紀六十年代的跨期消費理論和Merton在1973年發表在經濟學頂級刊物《Econometrica》上的跨期資本資產定價模型。後續的發展包括了Breeden(1979)的消費資本資產定價模型所提出的消費風險概念,Bodie、Merton和Samuelson(1992)所引入的勞動收入對最優投資組合的影響,Cocco、Gomes和Maenhout(1998)提出的生命週期配置模型,Compbell和Viceira的一系列對跨期限動態資產配置模型的求解方法等。

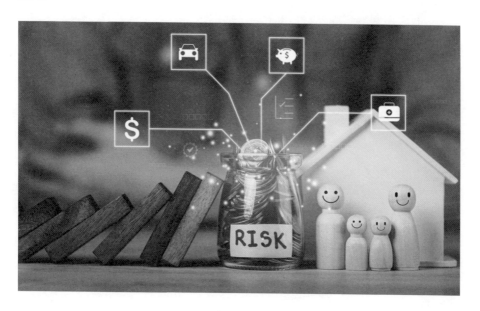

20世紀50年代，已故諾貝爾獎獲得者哈里・馬科維茨（Harry M. Markowitz）提出現代投資組合理論（Modern Portfolio Theory, 1950s），將靜態資產配置理論從實踐層面的摸索上升到了理論層面。該模型基於預期風險和收益對投資組合進行優化，因此又被稱作「均值－方差模型」（Mean Variance）。這亦是現今市場上大部分智能投顧公司的理論基礎。一旦確定客戶的風險偏好，該模型就可以通過最大化既定風險下的單期預期收益來獲得最優的投資策略。

圖表6.1　Markowitz 創立的 Efficient Frontier 模型

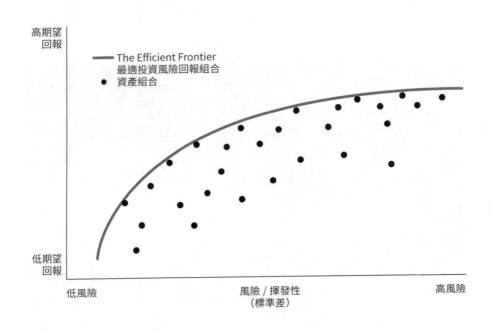

ETF攻守勝訣

世界上有無數的金融工具,如股票、債券、商品、房地產等。一個資產類別集合了具有相似特徵的金融工具。為了在金融市場上茁壯成長,大多數金融機構和投資者都深知不能把雞蛋放在一個籃子裡。資產配置是一種投資策略,旨在根據個人投資目標、風險承受能力和投資期限等因素,分配投資組合的資產來平衡風險和回報。

但投資的資產類別越多,涉及的初始投資金額就越高。資產配置的概念基於一種假設,就是結合一籃子相關性相對較低的金融工具,投資組合中的資產將隨著時間的推移,在各種經濟情景下表現不一;因為各金融工具的特性都不同,在某特定的風險水平下,將帶動整體回報增加。

耶魯大學基金印證資產配置奇效

以耶魯大學基金為例,在過去的 30 年裡,該基金基金一直以12.9%的驚人回報率位居同業之首。最初耶魯大學基金只將50%資金投資於債券,另外50%投資於股票。但自1985年David Swensen接管基金,改變了投資策略,將投資分散到 7 個類別,類別之間的相關性相互較低,這有助於實現構建低風險、高回報的投資組合。與傳統投資相比,Swensen的策略是大膽而新鮮的舉措。這項改變幫助耶魯獲得了連續多年支撐其34%運營成本的高回報,在往後的日子基金都一直秉持分散投資的原則。耶魯大學基金的成功,證明了資產配置在降低整體風險同時獲得高回報方面的效率,因此,資產配置策略越來越受歡迎也就不足為奇了。

圖表6.2 耶魯大學基金各類資產權重與其他大學基金比較

資產類別	耶魯大學（%）	其他 Ivy League 大學（%）
美國股票	3.9	17
海外股票	11.5	19
債券	4.9	9
現金	3.5	4
地產	17.6	6
天然資源	8.2	7
股權投資	33	15
對衝基金	17.4	20

資產配置關鍵思路——「核心+衛星」

資產配置的基本思路，是組合必須分為核心（core）及衛星（satellite）兩個層面。核心為組合打底，以穩定整體長期收益；衛星則用作分散投資，在適度承擔風險的原則下追求超額收益。核心ETF的持倉通常權重比較高，調倉頻率比較低；衛星ETF則相反，更可以因地制宜，根據市場變化隨時調度。

圖表6.3 資產配置流程

1 制訂策略框架
根據投資需求,在策略框架的基礎上確定資產分佈框架

2 ETF 產品池
根據各種成分排列並篩選出可投資的 ETF 名單

5 確定組合內 ETF
以股價比例、地區等選擇最優質 ETF

2 各 ETF 的權重
· 以量化方法計算各資產的預期收益
· 以 Black-Literman 等方法確定最優權重

4 定期調倉
· 根據市場變化
· 控制交易換手率

第一，先定好資產分佈框架，根據資產性質來分為三組：(1) 股票、(2) 債券、(3) 黃金。投資組合中的金融工具的相關性要低，相關性接近1意味著資產的表現相同，甚至會互相影響；而相關性為0，意味著它們的表現傾向完全獨立於彼此，所以相關性數值愈低愈好。

從1972年到 2016 年，股票、債券和黃金的收益相關性比較低，均為負相關，資產配置組合中包括這三種資產類別，可以產生不錯的多元化效果。

第二，進一步按地區將資產分類，可以劃分五個主要地區：(1) 美國、(2) 歐洲、(3) 亞太地區、(4) 新興市場、(5) 中國。中國目前是世界第二大經濟體，因此將其單獨劃分為一個分類區域較合理。

圖表6.4　不同資產類別的風險回報

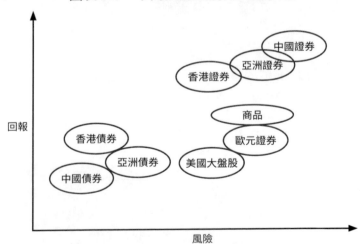

ETF 攻守勝訣

第三，按照「核心＋衛星」的思路，配搭資產組合中的ETF。以美股為例，核心資產是總市場，例如標普500；衛星資產則可以是總市場中再經過合理劃分的行業ETF，例如科技、醫療保健等。

但在芸芸ETF中，如何篩選作為核心與衛星的產品？在下一章節會有一些推介給大家，現在我們先將整個資產配置流程講解完。

分配權重的智慧

第四，設定組合中各資產的權重。這一步非常重要，是平衡風險與回報的關鍵，以下先用穩健型和進取型兩個組合來示範說明。

穩健型投資者未必能承受股票市場的波動，因此我們將組合的資產比例定為六四比，即60%股票、40%債券，以較高債券比例作為緩衝。

而進取型投資者一般較能夠承受短期市況波動及回撤，因此我們將進取型組合中的股票部分提升至80%，而因應高股票比例，組合內會加入10%與股票相關度偏低的黃金，債券部分則為10%。這亦是最籠統、最常用，較適合普遍投資者的權重比例。

借助AI智慧找出最優權重

順帶一提，每個人的風險承受能力不同，因此最適合的權重比例都不一樣，但在人工智能和大數據的協助下，卻能以科學計算出「最

優權重」（optmized weighting），即是根據當下市場狀況來計算組合最佳的風險回報比率。此金融模型（financial model）集宏觀分析、數理統計、風控管理於一體；先從宏觀經濟增長和市場的安全性出發，將主要經濟體的金融市場納入大類的資產配置框架中，將具有解釋性的經濟指標和市場指標中的資訊提取，從而形成對每個大類資產的預期收益率。同時，以核心資產作價值投資的增長點，又以衛星資產來捕捉短期市場機遇，從而實現戰術資產配置對組合收益的增強。這種以算法模型建立多元組合的投資方法，在美國非常成熟，Black-Litterman 便是其中的表表者。

Black-Litterman 模型由 Fisher Black 和 Robert Litterman 提出，基於 Markowitz 的 efficient frontier 模型修正，優化了配置過於集中、對輸入的數值（variables）過於敏感、數值估計誤差過大等問題。而且 Black-Litterman 模型除了單純以歷史價格估計預期報酬及風險外，還加入了更大量資料及參數，加入了投資者對資產的預期觀點，使得模型的效果更貼近實際使用。

除了使用傳統的 mean variance 來衡量風險，有些模型還會加入其他統計數值。比如 AQUMON 會額外關注組合的下行風險和尾部風險（tail risk）控制，在考慮未來期望收益的同時，還會考慮未來最壞的情形，獲取一個對於未來收益的預測區間，從而更加準確地評估風險並進行相應的風險管理。AQUMON 的模型引入了一系列尾部風險的度量方法，例如下半偏差（Semi-Deviation）、在險價值 VaR（Value at Risk）、預期短缺（Expected Shortfall）等。這

些尾部風險度量指標的使用可使投資組合的最優權重更加穩定，在出現極端情況甚至金融危機時，可以儘量減少損失，降低最大回撤（maximum drawdown）。

三種調倉策略

第五，適時調倉（或稱再平衡），這是資產配置中不可或缺的一步。

方今金融市場一月數變，而股票、債券、商品等不同資產，在不同的市場條件下各有利弊。那麼，何時調倉才最恰當呢？調倉節奏一般取決於個人的投資目標和風險偏好，以及投資組合的表現和波動性。

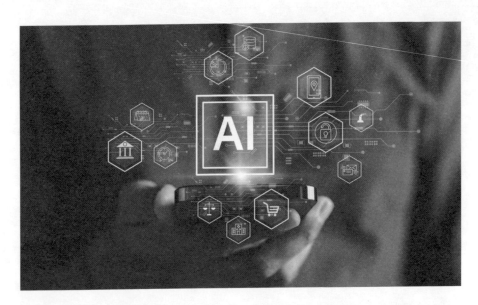

正規來說，最為常見的調倉方法是定時／定期，例如每季度或每半年調倉一次，或者參考指數公司的再平衡節奏。定期調倉的好處是可以投資組合符合你的投資目標和風險偏好，同時減少情感因素對投資決策的影響。

另一種方式是當市場發生週期性變化而調倉，例如加息週期開始或某行業出現受惠政策等，預期資產趨勢將會改變，某些資產的表現將優於其他資產，於是調整投資組合以反映市場的變化。但這種調倉方式過於依賴人為判斷，欠缺數據或科學理據，可能因個人判斷失誤，令調倉後的結果反而不如前。

最後是波動性調倉，即是當投資組合中某些資產的權重偏離預定範

圍，令投資組合的波動性增加，便及時調整投資組合，以確保風險控制。

三種策略中，波動性調倉無異更為科學，因其會為每隻ETF設置目標權重和波動性範圍，但同時亦較為複雜，一般投資者未必能輕易掌握。其中一種可行的做法是請專業的量化資產配置機構代為管理，例如AQUMON的算法會在投資組合權重偏離最佳權重的漂移（drift）超過某個漂移值時，重新平衡其投資組合。這裡的投資組合權重與目標權重的漂移，定義為投資組合權重與目標權重之間的距離，漂移函數可以是絕對漂移函數或平方漂移函數，而漂移值由自然漂移水平加上漂移容限水平來確定。自然漂移水平是通過一組涵蓋不同投資金額和一系列 ETF 價格的模擬來估算的；漂移容忍水平則是通過一組模擬來確定，這些模擬涵蓋了預先確定的窗口內的ETF價格變化，這通常與定期重新平衡頻率有關，這些計算都需要機器代勞，人手難以做到。

四種思路制定調倉模式

若你不喜歡假手於人，那就不妨按照以下幾個思路去制定屬於自己的調倉模式：

確定投資邏輯：先確定自己的投資目標和風險偏好。例如，你的投資目標是長期增值，那麼起初制定的權重等就不能輕易修改。

確定調倉頻率：可以選擇定期調倉，例如每季度或每年一次，或者基於資產組合的波動性，有需要時調倉。這取決於你的投資目標和個人偏好。

關注組合變化：根據既定的頻率，適時留意投資組合的表現和各ETF的權重，若市場變化致使個別ETF的權重過高或過低，可能需要調倉。

計算調倉交易：根據現有投資組合的表現和每隻ETF的權重，計算出需要進行的交易。例如，如果某隻ETF的權重過高，你可能需要賣出該ETF的部分持股，並將資金重新分配到其他ETF。

切記，調倉要適時，而且不宜過於頻繁。因為太過頻繁而沒有用量化方式深入計算，有機會反而導致大幅偏離原本的投資目標。再者，調倉是有成本的，每次賣出舊有持倉和買入新加持倉都會產生費用，例如證券交易佣金或交易稅；另外還可能有資本增值稅或其他稅項。

做好以上五步，基本上你就能擁有一個能平衡風險與回報的絕佳資產配置組合，安心增值財富！

6.2
將聽吾計，用之必勝：
精選優質ETF

講完資產配置的流程，但在挑選ETF時，大家亦難免心大心細。所以在最後這一章節，我會精選一些優質ETF，供大家在配置資產時參考。

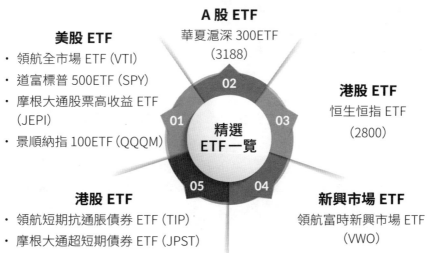

圖表6.5　精選ETF一覽

A股 ETF
華夏滬深 300ETF
（3188）

美股 ETF
- 領航全市場 ETF (VTI)
- 道富標普 500ETF (SPY)
- 摩根大通股票高收益 ETF（JEPI）
- 景順納指 100ETF（QQQM）

精選 ETF 一覽

01　02　03　04　05

港股 ETF
恒生恒指 ETF
（2800）

港股 ETF
- 領航短期抗通脹債券 ETF (TIP)
- 摩根大通超短期債券 ETF (JPST)

新興市場 ETF
領航富時新興市場 ETF
（VWO）

兩大美股核心ETF──VTI & SPY

VTI成立於2005年5月，追蹤的是CRSP美國整體市場指數。CRSP全名為芝加哥大學證券研究中心（Center for Research in Security Prices），於1960年設立，目標是提供股市研究的完整資料（後來也包括共同基金、債券等的資料）。CRSP從2010年開始製作美股相關指數，起步較其他主要美股指數晚，但自2012年開始，領航就將旗下大多數美股指數基金和ETF的追蹤指數，由MSCI系列改為CRSP指數，CRSP的影響力因而增加。

CRSP美國整體市場指數共持有接近4,000隻分別在NYSE、AMEX、以及Nasdaq上市的股票，其中除了大型股（市值$100億美元以上），還包含中型（市值$20至$100億美元）、小型（市值$3至$20億美元）、微型（市值$5,000萬至$3億美元）股。

VTI採用被動式管理，並以代表抽樣（representative sampling）的方式構建，總體上貼近指數的行業權重、市值、PE、股息等，能夠更分散地投資美國整體市場。VTI於2023年底的規模為$1.2萬億美元，經常性開支僅0.03%。

圖表 6.6　VTI行業分佈及權重

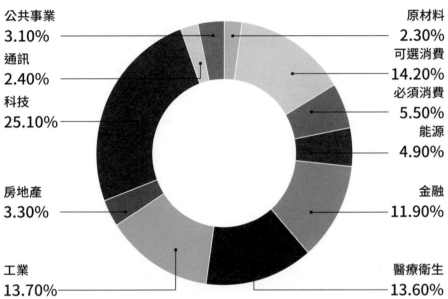

公共事業
3.10%

通訊
2.40%

科技
25.10%

房地產
3.30%

工業
13.70%

原材料
2.30%

可選消費
14.20%

必須消費
5.50%

能源
4.90%

金融
11.90%

醫療衛生
13.60%

SPY流動性遠勝VOO

相信大家對SPY都不會陌生，它追蹤的是標普500指數，標普500指數為統計美國上市的500隻最大型股票，其採樣面廣、代表性、精確度與CRSP指數不相伯仲，而且兩隻指數相關度達80%，回報比較亦近乎一模一樣。

大家或者會感到不解，既然已經選了VTI，已經納入了全美國股票，為何還要加入標普500呢？原因主要有兩點：第一，SPY是歷史最

久的 ETF，自1993年成立至今已整整30年，愈長遠的時間數據，代表可以看出更多不同時間點的表現及影響，對組合構建更有意義。另外，SPY更集中在美國的大盤上，近十年的年化波動率較VTI低0.4%，最大回撤亦低約1.3%。如果只買單一ETF，可能分別並不會很明顯，但從組合投資角度看，則可以達到互補作用。

亦有人可能會問，領航也有追蹤標普500的VOO，為何不選VOO？須知VOO的經常性開支雖然比SPY略低，但二級市場流動性卻相差很遠；VOO的30天平均交易量約470萬股，SPY則是7,800萬股。當然，兩者的交易量均足夠吞吐個人的投資組合規模，但既然設定遴選條件，還是擇優而從吧。

高息美股衛星ETF——JEPI & QQQM

JEPI是一隻比較新的ETF，由摩根大通資產管理於2020年成立。該ETF主打每月派息，派息率可以超過10%。要留意的是，JEPI是主動管理ETF，與普通被動管理ETF的差別，在於它會規則性地根據市場的波動，尋求達至收益目標的投資。JEPI的目標策略是提供每月派息，同時降低由股票市場帶來的波動。ETF的底層股票佔了85%，同時亦包含了約15%的ELN及一些call options，簡單來說是一隻用了金融工具來套利及避險的ETF。

有趣的是，JEPI的主要派息來源是投資組合內的ELN。ELN的全名是股票掛鈎票據，是一種以賺取高息為主而與股票有關的投資工

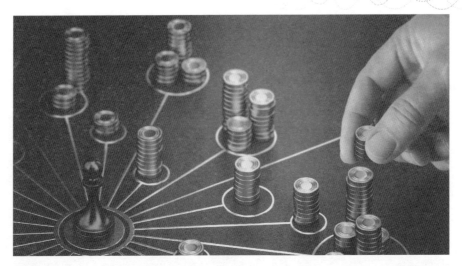

具，較常見的「看好式」ELN特別適合一些認為某公司的股價波幅不會太大的投資者，在賣出認售期權後，務求股票於定價日的收市價將等同或高於行使價而賺取高息。

至於持股部分，JEPI在主動選股方面，大概包含以下幾項選股標準：主要持有S&P500成分股，但也有少許從非S&P500中挑選；選股準則以低風險、低波動率及固定股息收益的股票為主；單一個股持股比例低，最高的單一股票比例不超過總持倉的2%。另外，JEPI還持有非常小部分的貨幣市場基金，這部分的收益很小，主要是作為分散風險或現金管理用途。依照歷史資料（包含摩根大通的歷史回測數據），JEPI的歷史波動率遠遠低於標普500大盤，但派息比起美國高收益公司債更加吸引，符合低波動加穩定收益的要求，因此適宜作為衛星配置。

比QQQ更易入口的QQQM

除了VOO和SPY，香港人最熟悉的美股ETF要數QQQ，但我們的另一隻衛星配置ETF卻選了QQQM，由全球知名納指100ETF的發行商景順發行。QQQM成立於2020年10月，資產規模為$10億美元。其實QQQM與QQQ一樣都是被動ETF，所追蹤的也都是納指100指數的100隻股票。那為何要選用QQQM而不是人人皆知的QQQ呢？QQQM的經常性開支為0.15%，比QQQ的0.2%稍微低了5個點子，但當然這並非主要原因。

有人認為QQQM是QQQ的迷你版（Mini），這也不無道理，景順推出QQQM，就是為了複製原有舊版而存在的；QQQM的股價是QQQ的三分一，入場費變相更便宜，可以吸引更多散戶或投資新手入場。但最重要的一點，美國早期的ETF，其法定結構均以信託（Trust）為主；美國的ETF能夠普遍做到低收費率，其中一個主要原因是ETF可以把持倉的股票借出，以換取額外收益來抵銷成本，但信託卻限制不能借出股票，新成立的QQQM便不受此限。另外，許多長線投資者比較喜歡將股息再投資（dividend reinvestment），即把每次所派股息自動購買更多ETF份額，以放大複利效應，增加長線回報率，低入場費的QQQM長遠而言就更有利。

可能有意見認為QQQ的成交量及資產規模遠比QQQM高，而且幾乎沒有買賣價差（其實QQQM的價差亦只是3個點子而已），但對於中長期投資者而言，還是應優先考慮長期收益。

中港核心ETF──3188 & 2800

雖然香港投資者普遍熱愛美股，但A股及港股始終是自己主場，當然有主場優勢，因此組合內的中港股票配置必然少不了。雖然中港股票在環球指數中比重不高，但A股是世界第二大股票市場，而且與港股相連，因此兩者均定為核心配置。

先說A股，3188的發行商為華夏基金，華夏基金是國內知名的「老十家」基金公司之一，以主動管理聞名中外，近年更在ETF領域大力發展，已成為國內第一大ETF發行商，佔國內ETF市場總體約25%。3188於2012年發行，為中國以外追蹤滬深300指數最大的ETF。滬深300指數由300隻最具代表性的A股組成，廣泛覆蓋增長型行業以及傳統經濟。尤其自A股被納入MSCI指數後，由於與滬深300指數的相關度高，被環球投資者

視為配置 A 股最具代表性的指數。

而港股的 2800 就更不用說了，每個股票市場均有其代表指數，恒指 50 就如同國內的上證 50、台灣的台灣 50 等，盈富基金便是代表港股的 ETF。

新興市場衛星 ETF——VWO

然後來到新興市場，我精選的新興市場 ETF 是屬於領航富時新興市場 ETF（VWO）。但在介紹 VWO 之前，要先跟大家講解一下新興市場這個版塊。

聽到新興市場，可能有些人的第一反應是「高風險」，其實新興市場雖然有著資產價格變化較劇烈的風險，但長期而言經濟成長動能強勁，因此早期曾受到不少機構投資者的高度關注。但近年金融市場受到各種不確定性的衝擊，新興資產亦隨全球資產連續下跌，許多投資者都避之則吉，那為甚麼我們的資產組合內還需要配上這一版塊呢？

美元走弱有利新興市場掘起

新興市場極度依賴外國資金的流入，因此股債表現往往與美元的強弱勢息息相關。美元指數與新興市場股市走勢大致相反，美元走弱有利於新興市場股市表現。自 2023 年中，因為聯準會升息與市場避

險情緒刺激美元走強，但直至2023年底，隨著市場預估聯準會升息幅度可能低於原先預期，對於美元的避險需求可望降低，有利資金回流風險資產。

新興市場的特性一般是高增長、高風險，但同時亦相對高回報。這些地區經濟發展速度雖然落後於美國、歐洲等發達國家，但人口增長迅速，亦正加速工業化；而由於新興市場發展尚未成熟，在金融制度、商業規範、市場規模、流動性、開放程度、政治環境等方面均未成形，從而帶來很多可能套利的條件，因此從投資角度來看是一個重要的超額收益來源，適合作為衛星配置的一部分。

全球的新興市場主要分佈在亞太、南美、中東、東歐。當中最大的必然是中國，其次是台灣、印度、南韓、泰國、巴西等。而這些國家中很多公司都已陸續採用較佳的管理模式，並向股東提供較大的透明度，從而爭取到更多投資者，吸引更多流動現金流入，比從前擁有更

強的資產負債表、更高的利潤水平，並更致力提高股東回報。此外，新興市場國家採納較開放的經濟政策和自由市場概念，釋放了億萬人的經濟潛能，促使他們熱衷於參與市場經濟，加入發達國家的行列。再加上人力成本相對低廉，使其他市場對新興市場的出口貨品需求大增，政府取得強勁的收支平衡和高水平的外匯儲備。

嚴格來說，所謂「新興市場」並沒有統一嚴格的分類準則，大家對新興市場的理解其實很模糊，有投資機構認為新興市場是指經濟具備高成長性，但因制度不成熟、地緣政治等因素，以致風險較大的市場。隨著全球經濟發展，新興市場的定義也不再只用國民所得來看，而是根據多方面來評估國家經濟發展潛力與成熟度。也就是說，有些國家儘管經濟發展和人均GDP的水平已跨進高收入國家的行列，倘若資本市場與商業機制不成熟，仍然會被認定為新興市場。故此通常投資新興市場都會參考大型指數公司如富時、MSCI等的標準。

但要留意，雖然新興市場在全球經濟佔一定規模和影響力，終究也只佔全球市場資本市值的13%，加上始終新興市場的貨幣和股票價格波幅均高於發達市場，所以在投資組合內不宜佔比過重。不過，當愈來愈多投資者認同投資新興市場的價值，預期配置比率將會有上升空間。

收費低且一網打盡全球新興市場

說回VWO，該ETF成立於2005年，是世界第五大指數股票型ETF，

資產超過 $370 億美元，每天的交易額平均超過 $5 億美元。VWO 投資全球新興市場，包含拉丁美洲、歐洲，以及亞洲國家如中國、巴西、台灣、南非等，持股數目達 5,000 隻，基本上將所有新興市場股票一網打盡。主要的成分股包含台積電、騰訊 Tencent、阿里巴巴 Alibaba、美團點評等。VWO 的經常性開支僅為 0.08%，以分散投資多個國家來說，這算是非常低的收費率，和其他同類 ETF 相比，收費率依然算低。

值得一提的是，VWO 並沒有進行匯率對沖，好處是當新興市場貨幣升值（美元相對貶值），回報亦會相應提升；反之當新興市場貨幣貶值時，回報也會縮減。而由於 VWO 的最大持股國家區域是中國市場，因此表現也受人民幣匯率浮動影響，其次是台灣（台幣）、印度（里拉）、南非（蘭特）。

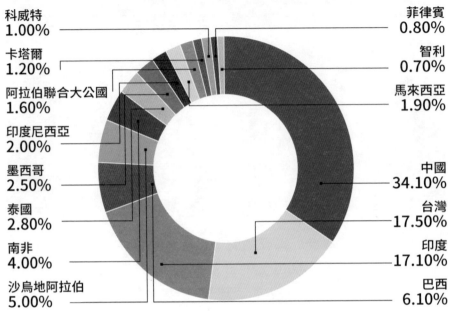

圖表 6.7　VWO 國家權重

科威特 1.00%
卡塔爾 1.20%
阿拉伯聯合大公國 1.60%
印度尼西亞 2.00%
墨西哥 2.50%
泰國 2.80%
南非 4.00%
沙烏地阿拉伯 5.00%

菲律賓 0.80%
智利 0.70%
馬來西亞 1.90%
中國 34.10%
台灣 17.50%
印度 17.10%
巴西 6.10%

VWO 追蹤的是富時全球新興市場指數，富時羅素是全球指數、數據和分析方案提供商，現時有約 $16 萬億美元的資金以富時指數為基準，其新興市場指數則有約 $1,400 億美元資金跟蹤。特別的是，富時新興市場指數於 2020 年 6 月納入中國 A 股，納入後中國 A 股占富時新興市場指數約 6%，包含 1,051 隻大、中、小盤，比 MSCI 納入的比重為高。指數納入 A 股的意義在於所追蹤該指數的資金（尤其被動投資資金），必需配置相應的 A 股權重，以避免出現追蹤誤差。近年各全球指數均分階段遞增 A 股比重，理論上比重越高，代表流入 A 股的資金越多。

ETF 攻守勝訣

圖表6.8　VWO行業權重

行業類型	比例 %
金融	16.19%
資訊科技	13.72%
非必需消費品	11.26%
通訊服務	7.86%
原材料	6.27%
必需消費品	5.33%
工業	4.90%
能源	4.63%
醫療保健	2.63%
公用事業	2.39%
房地產	2.06%

選擇VWO還包括一個有趣的原因，就是這隻ETF有期貨合約可供買賣。早前，芝加哥商品交易所（CME）推出八種基於富時指數的指數期貨合約，其中包括了富時新興市場指數。期指的出現讓機構投資者可利用ETF加上所追蹤的股票進行三方套利，能有效改善ETF產品的流動性和市場效率，在市場超買或超賣時，往往會造成ETF價格／淨值（price／NAV）的溢價（premium）和折讓（discount），而套利交易某程度上亦可平衡價格與淨值，儘量使得ETF保持在公平價值（fair value）。

抗通脹的債券ETF──TIP & JPST

債券ETF除了能在資產組合中起到分散風險的作用，還有一個功能就是抗通脹。理解通貨膨脹是投資理財中重要的一點，因為通脹是無形的，通常你感受不到它的存在，但是長期下來它會使我們的實質所得變少，財富的購買力下降。舉例來說，如果你今天擁有 $100 元，通脹率每年平均為 3%，那麼一年後你手中 $100 元的購買力只剩 $97元，十年後只剩 $73.7元，二十年後只剩 $54元。

自2021年起，由於俄烏戰爭直接或間接導致糧食及原油價格高企，全球通脹一直維持在高水平。雖然美國聯儲局連番加息希望壓抑通脹，但隨之而來的經濟衰退風險，及一連串的銀行倒閉潮，迫使聯儲局減慢加息步伐。於是我們在組合中就加入了抗通脹的債券產品，以保持組合的抗跌力。

投資價值更勝國債的TIP

TIP是安碩發行的全球最大抗通脹ETF，它成立於2003年，追蹤彭博美國抗通脹債券指數，該指數由通貨膨脹保護的美國國債組成。TIP將至少80%的資產投資於指數的成份債券，包括所有公開發行的美國國債通脹保值證券。

何謂抗通脹債券（Treasury Inflation Protection Securities, TIPS）？TIPS由美國政府發行，與美國消費者物價指數（CPI）掛鉤，如果通脹升溫，TIPS的本金也會隨之增加；相反通脹緊縮時，TIPS的本金也會隨之減少。普通債券的利息是以本金乘票面利率，因此利息是固定的；而TIPS的本金是根據通脹調整後的本金，再乘票面利率來計算利息，因此利息是浮動的。美國政府保證到期時本金與票面面額取其高，也就是說TIPS到期時，投資者得到的金額一定會大於或等於最初發行時的金額。

從投資者的角度來看，TIPS有幾個優點。首先當然是能有效對抗通脹，因為TIPS的本金是跟消費者物價指數相連動，因此可以避免其實際收益受到通脹的侵蝕。其次是保本，如果直接購買美國政府的

TIPS，發生通貨緊縮時，投資者至少可取回本金。再者是幾乎沒有信用風險，因為發行商便是美國政府，違約的風險近乎零。最後是流動性良好，美國政府發行的TIPS在二級市場是流動性相對良好的產品，運用ETF去操作更不會出現流動性問題。而從投資角度，TIPS與股票的相關性低，從而提供了一種避險的功能。不過TIPS的ETF每日市價是由買賣成交決定，因此還是會有一定的市場風險（market risk）。

有人可能會問，為甚麼不直接買國債？美國國債的殖利率一般比同年期的TIPS要高，原因是國債在定價時已經把「預期通脹」考慮了。舉例來說，假如十年期的TIPS票面利率為2%，十年期的國債票面利率為4%，中間差異的2%就隱含著市場對於十年通脹率的預期，此所謂預期通脹。如果實際通脹不如預期通脹高，那麼國債的表現會比TIPS好，但如果實際通脹維持高出預期通膨，那麼TIPS的表現就會更好，投資價值也相對較高。

以短債出擊的JPST

JPST由摩根大通資產管理於2017年發行，是一隻投資於超短期債券的主動管理ETF。JPST的投資目標旨在提供當下債息收入，同時尋求維持本金的低波動性，在正常情況下，JPST會至少投放80%的資產於投資級（Investment Grade）債券，主要是以美金計價的短期債券以及浮動利率債務來實現其投資目標。當中最大持倉為投資級別公司債券，佔了38%；其次亦包括商業票據（Commercial Paper），佔超過兩成；也包含一些資產支持證券（Asset Backed

Securities）、抵押支持證券（Mortgage Backed Securities）和存
款證等優質貨幣市場工具。大部分持倉債券的期限都少於一年。

在加息週期中，銀行利率升高，錢變得更值錢，這個時候長債不僅
享受不到太多殖利率的好處，還會面臨債券價格大跌的風險。相反
短期的債券除了價格衝擊較小外，還享受到孳息大幅增加的好處，
因此加息時，買短債會比買長債更好。加上美國國債的信用評價
高，相對更為安全。

建構你的王道 ETF 組合

如果按照穩健型和進取型來分類，套用以上精選 ETF，可以得出以
下兩種資產配置組合。大家可以參考圖表 6.9，建構出最適合自己的
王道組合！

圖表6.9　穩健型和進取型投資組合模擬

資產類別	ETF 代號	地區	市場	配置類別	穩健型	進取型
股票	VTI	美國	全市場	核心	15%	20%
	SPY			核心	10%	10%
	JEPI		價值	衛星	10%	15%
	QQQM		科技	衛星	5%	10%
	3188	大中華地區	A 股市場	核心	10%	10%
	2800		港股市場	核心	10%	10%
	VWO	其他新興市場地區	全市場	衛星	—	5%
商品	GLD		黃金	衛星	—	10%
債券	TIP	美國	抗通脹債券	核心	20%	5%
	JPST		超短期債券	衛星	10%	5%

記得投資市場如戰場，要持續認識市場變化，才能做到真正的「知己知彼，百戰百勝」！更多最新的ETF動向，可以留意我的專頁：

諸葛 ETF

https://www.facebook.com/ETFrederic/

Wealth 159

作者	諸人進
內容總監	曾玉英
責任編輯	Alba Wong
書籍設計	Yue Lau
相片提供	iStock

出版	天窗出版社有限公司 Enrich Publishing Ltd.
發行	天窗出版社有限公司 Enrich Publishing Ltd.
	香港九龍觀塘鴻圖道78號17樓A室
電話	(852) 2793 5678
傳真	(852) 2793 5030
網址	www.enrichculture.com
電郵	info@enrichculture.com
出版日期	2024年2月初版

定價	港幣 $168　新台幣 $840
國際書號	978-988-8853-20-5
圖書分類	(1) 投資理財　(2) 工商管理

ETF 攻守勝訣

免責聲明

本書提及的投資標的純屬為演示用途,並不構成任何投資建議或推薦。投資涉及風險,投資者於投資前必須另向專業人士尋求意見。

本書提供一般財務、稅務及法律信息,僅供參考,並不構成對任何人士提供任何稅務、法律、財務意見或任何形式的建議。

儘管我們盡力提供準確,完整,可靠,無錯誤的信息。我們並不會對此等資料的準確性及完整性作出保證、陳述或擔保,及不會對此等資料承擔任何責任。本書所提供的資料、數據可因應情況、各國政策修改而不作另行通知。

無論基於任何原因,本書之部分或全部內容均不得複製或進一步發放予任何人士或實體。

支持環保　此書紙張經無氯漂白及以北歐再生林木纖維製造,並採用環保油墨。